WAC BUNKO

習近平のジェノサイド
捏造メディアが報じない真実

大高未貴

JN120806

WAC

習近平のジェノサイド
捏造メディアが報じない真実

目次

装幀／須川貴弘（ＷＡＣ装幀室）

序章

習近平は21世紀のヒトラーだ!

世界が認めた「習近平のジェノサイド（ウイグル）」

二〇二〇年三月に上梓《じょうし》した拙著『日本を貶《おとし》める——「反日謝罪男の捏造メディア」の正体』で、「習近平は、もはや21世紀のヒトラーか」という小論を書いた。このときは「ヒトラーか」と「か」を入れていたが、もはや「か」は不要だと思う。というのも、こういう動きが前著刊行後にあったからだ。

まず、情報開示を怠ることによって被害を全世界に拡大した武漢ウイルス感染の責任が習近平中共政権にあることは言うまでもない。そのために一億二千万人以上の人々がコロナに感染し、二百七十万人もの人が亡くなった（二〇二一年三月下旬）。

一九一七年のロシア革命以降、レーニン、スターリン、毛沢東、金日成、ポル・ポトらの左翼全体主義者（共産主義者）による殺害はすでに一億人を越えている（ステファヌ・クルトワ、ニコラ・ヴェルトほか『共産主義黒書〈アジア篇〉〈ソ連篇〉』筑摩書房参照）。コロナ感染による死者数は、それに追加して考えられるべきものといえよう。

コロナに関しては、後の章でも触れるので序章では省くが、二〇二一年一月下旬に刊行された、清水ともみさんの『命がけの証言』（ワック）がベストセラーになっている。私は、【WiLL増刊号#401】の『【大高未貴】中国共産党にヤラれた政治家たち』でも、この本を紹介した。日本にいるウイグル人たちの「命がけの証言」（ウイグルにいる親兄弟への弾圧などの告発）に応えて、ナチス・ヒトラーにも匹敵する習近平・中国共産党によるウイグル支配の恐るべき実態を、清水ともみ氏がマンガで描いた本だ。楊海英氏（静岡大学教授・司馬遼太郎賞受賞者）との告発対談も収録されている。

この本がちょうど刊行される直前、トランプ政権で国務長官をつとめたポンペオ氏が離任する前日にあたる一月十九日に、中国共産党がウイグルでやっていることは「ジェノサイド（民族大量虐殺）」であると認定すると発表した。そしてその認識は、後継のバイデン政権の新国務長官に内定していたブリンケン元国務副長官も即座に上院外交委員会で「同意する」と明言した。アメリカでは超党派の認識として「習近平のジェノサイド」が認定されたといえよう。

英国政府も、すでに、ウイグルでの強制労働に関係した製品を英国内から排除することを発表している。ラーブ外相はウイグル人の人権侵害について、現地を訪問した外交官の報告の裏付けがあり、「規模と深刻さは本当に悲惨な状況」「人権侵害の産物がスーパーの棚に並ばないようにする」とコメントを出している。

自由世界のリーダーである英米両政府が、「習近平のジェノサイド」を事実上認定したのだ。その根拠ともなりうるのが、清水ひとみさんの『命がけの証言』だといっても過言ではないと思う。この本で、清水さんと対談をしている南モンゴル出身の楊海英さんは本書の意義をこう述べている。

「絵本や漫画やアニメは日本のお家芸ですから、ウイグル問題が清水さんの手によって、こういう目ですぐに読める形で一冊の本になって本当に嬉しく思いました。この本には、ウイグル人女性（男性）などが強制収容所で受けた虐待や人体実験の生々しい証言が描かれています。ユダヤ人がアウシュビッツなどのナチスの収容所で体験したものと瓜二つ。21世紀の今、こんなチャイナチスの横暴が許されていいわけがない」

全く同感だ。ただ、情けないことに日本外務省（要は日本政府）は、中国共産党がウイグルでやっていることは「ジェノサイド」にはあたらないとの認識を表明している。さっそく、中国の報道官は、日本はジェノサイドと認めていないと自己正当化に使っている。

これは、オバマ政権の北朝鮮などに対する「戦略的忍耐」にも劣る「沈黙的忍耐」とでもいうしかあるまい。いや「奴隷的忍耐」とでもいうべきかもしれない（中国に対しての外交姿勢として、バイデン政権の報道官が「戦略的忍耐」を述べたことには一抹の不安を覚えるが……）。

ともあれ、清水氏は、「虎ノ門ニュース」で私などがウイグル問題を取り上げた番組を見たことなどがきっかけで、ウイグル問題に関心を寄せるようになったという。『命がけの証言』の前に『私の身に起きたこと〜とあるウイグル人女性の証言〜』（季節社）も二〇二〇年十一月に刊行しており、これもベストセラーになっている。

私のこの本ではまず序章で、このウイグル問題を改めて取り上げ、自由世界の有力な一員であるはずの日本国が、この問題で自由世界の足を引っ張ることがないように強く訴えたいと思う。

スターリンと習近平に共通する「ジェノサイド」

後の章でも慰安婦問題などを取り上げるが、日本軍兵士と共に戦線を移動して、慰安婦として過ごした女性たちを「性奴隷」と決めつけ、しかも「強制連行」されたと虚偽を言いつのっている人達がいる。間違った認識の下で、遠い過去のことにこだわり続けている。

しかし、本当の「性奴隷」、本当の「人権弾圧」とはいかなるものか。それを認識するのには、過去にさかのぼることなく、現在進行形の形で行なわれている中国共産党・習近平政権のウイグル弾圧を見ればいいのに見ようとしない人たちがいる（ほかにもチベットや南モンゴルも同様の仕打ちを受けていることを見落とさないようにお願いしたい）。

　かつては日本の進歩的メディアは、「理想郷」だった中国や北朝鮮やソ連が「主人公（加害者）」となると、その非道は見て見ぬフリをすることが多かった。

　しかし、もうそんな「二枚舌」は許されない。本章では、現在進行形の人権弾圧を見ていくことにしたい。

　中国が推し進める〝一帯一路〟の起点ともなる「東トルキスタン」（中国が占領・支配している新疆ウイグル自治区）で、すさまじい人権弾圧が起きていることは、二十年以上前から指摘もされていたが、最近になってようやく世界的関心を持たれるようになってきた。「在日ウイグル人有識者会議の報告」にはこう書かれている。

「2016年に、元中国共産党チベット自治区委員会の書記で、チベット人の弾圧で手腕を発揮した陳全国が〝新疆ウイグル自治区〟の書記に就任してから、独裁的な長期政権を築いた習近平中国共産党総書記をバックにし、東トルキスタン歴史の中で最も酷く露骨な人権弾圧、同化・民族浄化政策を展開し始めた。（略）東トルキスタンに、完全な監視・封じ込め社会を作り上げ、ウイグル人の言語、文化、宗教を完全に絶滅させるような民族浄化政策を実施している。（略）陳は、1年も経たない間に、9万人を越す治安関係ポストを募集し、ウイグル自治区の警察の人員を2015年の6倍に増員し、ウイグル地域において「監視社会」の完成を手掛けた。（略）2017年初頭から、「再教育センター」、「教育転化学校」、「技能研修センター」という名前の「強制収容所」の建設を急ピッチで進め、何も罪のない100万人以上のウイグル人（ウイグル人口の約10％）をこれらの収容所に監禁し、共産党の政治思想、宗教転化（非イスラム化）、民族アイデンティティを破壊するための「洗脳教育」を行っている。（略）そして、各収容所から続々死者が出始めた。遺体は家族に返さずに内密に「処分」された。カシュガル空港では「人体器官運送通路」、「移植器官航空運送保障プロセス」標識の専用通路やスペースが用意され、臓器売買のため国家ぐるみで「臓器狩り」していることが明らかになった』（在日ウイグル人有識者会議の報告より）

この忌々《ゆゆ》しき事態について、米人権活動家が二〇一八年八月末の国連人種差別撤回委員会で指摘したが、「完全な捏造」と中国側は一蹴していた。とはいえ、千数百カ所以上に及ぶという強制収容所の存在は偵察衛星などで撮影され、一目瞭然だ。米国議会では、香港とならんでウイグルへの「弾圧」を看過することなく、制裁する姿勢を明確にした。

そこで、二〇一九年十二月に、アメリカ議会下院は、中国で多くのウイグル族の人たちが不当に拘束されているとして、ウイグル族の人権侵害に関わった中国の当局者に対し、制裁の発動を求める「ウイグル人権法案」を可決した。すでに成立している「香港人権法」に次ぐ快挙だった。そして、二〇二一年一月のポンペオ（前）国務長官によるジェノサイド認定とあいなった。中国共産党・習近平政権はさらに追い詰められていくことになるだろう。

こうした米国政府の指摘への対抗措置として、中国外務省は一月二十一日、中国の内政に干渉したとして、ポンペオ前国務長官を含む二十八人の米国人に制裁措置を導入したと発表した。

ポンペオ氏の他に、トランプ前政権の幹部で制裁対象としたのは、ピーター・ナバロ氏、ロバート・オブライエン氏、デイヴィッド・スティルウェル氏、マシュー・ポッティンジャー氏、アレックス・アザー氏、キース・クラッチ氏、ケリー・クラフト氏、スティーブ・バノン氏ら。このほか、トランプさんとは袂《たもと》を分かったジョン・ボルトン氏も対象としている。ピーター・ナバロ氏は、経済分野での大統領補佐官として活躍し、『米中もし戦わば　戦争の地政学』（文藝春秋）の著者としても知られる対中強硬派だった。残念ながらバイデン政権にはこうした対中強硬派がいない。

英国の有力誌「エコノミスト」は、今回のアメリカの「ジェノサイド認定」についてこんなふうに論評している（二〇二一年一月二十六日付日経に翻訳掲載）。

「トランプ前政権はすでに中国の様々な政府機関や企業、当局者に対して経済的な制裁を科しているほか、査証《ビザ》の発給を制限している。新疆ウイグル自治区トップの陳全国・共産党委員会書記も制裁の対象に含まれる。同氏は党政治局員だ。今月には、同自治区の主要産品である綿製品とトマトや関連製品の輸入を米国は禁じた。生産するにあたり、中国がウイグル族に強制労働を課した疑いがあるためだ。

しかし、ポンペオ氏のジェノサイド認定発言とブリンケン氏の同意は、米国のウイグル問題を巡る姿勢の変化を示している。同自治区では、ウイグル族を含むイスラム教徒百万人以上が「過激思想を矯正」するために強制的に施設に収容されている（過激思想とは実際には、民族の文化や教義に誇りを示すことを指す場合が多い）。そしてウイグル族の人口増加を抑制するため、女性には不妊手術や中絶手術を強要している」「国務省の法律家らは、『ジェノサイド』が適切な文言かどうかについて協議をした。ジェノサイドは辞書では通常、人々や民族の大量虐殺と定義されており、新疆ウイグル自治区で中国による大量虐殺があったという訴えはない。だが、国連総会で採択された「集団殺害罪の防止及び処罰に関する条約（ジェノサイド条約）」の定義はかなり幅広く、殺害の事実がなかったとしてもジェノサイドに当たることがある。

たとえば「出生を防止することを意図する措置」は国家的、民族的、人種的または宗教的な集団の「全部または一部を破壊する」意図をもって行われる限り、ジェノサイドに当たる。したがって、そうした意図をもって集団の一員に「深刻な精神的危害」を加えることもジェノサイドの一種ということになる」

「国務省当局者によると、新疆ウイグル自治区でどれほど不妊手術が強制されているかが2020年に明らかになり、国務省の一部では『ジェノサイド』と呼ぶのが適切であると判断されるようになった」

「米国がジェノサイドという言葉を使用した今、他の西側諸国も米国にならうかどうかが焦点になる。引き続き『人道に対する罪』といった言葉を使うことを選ぶ国もあるだろう」「世界がどんな言葉を使うにせよ、ウイグル族に対する中国の弾圧を止めさせるのは難しい。カナダと英国は今月、中身が薄いところはあるものの、強制労働の関与が疑われる商品の輸入を禁止する措置を講じると発表した。だが、米国に追随して中国に制裁を科す国はなお出ていないし、中国の責任を問おうとした国際機関もない」

「多国籍企業の多くは沈黙を守りつつ、サプライチェーンから新疆ウイグル自治区を外そうとしているものの、その点について自社の公式の立場を明確にしている企業はほんの一握りだ。欧州連合（EU）が昨年12月に中国と締結することで大筋合意した投資協定では、中国は強制労働を禁じる国際労働機関（ILO）の関連条約の批准を目指すと形ばかりの約束をするにとどまっている」

「エコノミスト」が指摘しているように、「ジェノサイド」の定義については、専門家の間でいろんな議論がなされてきていた。日本軍が保護関与した「慰安婦」を「性奴隷」と見なしたり、「南京事件」などでの捕虜処遇の行き過ぎなどを「ジェノサイド」と呼ぶのは明らかにおかしい。

しかし、中共政権のウイグルに対する弾圧は「ジェノサイド」と呼ぶしかあるまい。みすず書房から、『スターリンのジェノサイド』という本が出ている。みすず書房といえば、岩波書店と並んで、日本の出版社としては学術書的な本を多々出しているところだ。著者のノーマン・M・ネイマークさんは、スタンフォード大学教授で、フーヴァー研究所上級研究員で、ジェノサイド、民族浄化を重点的に研究している学者だ。

この本で、ネイマークさんは、国連ジェノサイド条約が、大国の思惑の産物で、政治・社会集団が対象から除外されたことを挙げつつも、徹底した資料渉猟の末に、条約の「定義」自体の見直しを主張し、スターリンによる一連の行為をジェノサイドだったと明言している。その立場から「スターリンのジェノサイド」を論証している。そのため、この本は、みすず書房から刊行されたにもかかわらず、ほとんど書評などで扱われることもなかった。しかし、ネイマークの視座からすれば、同じ理屈からして「毛沢東のジェノサイド」も「金日成のジェノサイド」も「習近平のジェノサイド」も証明可能となるだろう。

ちなみに二〇二〇年、ウクライナの飢餓（スターリンによる人為的ジェノサイド）をテーマにした映画『赤い闇　スターリンの冷たい大地で』が公開された。当時、ウクライナの飢餓を現地で取材し、それを告発した勇気あるジャーナリスト・ガレス・ジョーンズの物語（実話）だった。それに対して、スターリンの太鼓持ちをしたニューヨーク・タイムズのモスクワ特派員だったデュランティも対比される形で登場している。

ウクライナの飢餓はないと否定したデュランティたち……。今日ウイグルのジェノサイドをないと否定したり、見て見ぬフリをするジャーナリストたちがいる。過ちの歴史を繰り返してはならない。以下、前著の論文「習近平は、もはや21世紀のヒトラーか」と一部重複するが、私のウイグル取材についての報告を改めてここで述べておきたい。

在日ウイグル人たちの「命がけの証言」

ここ数年の間で、国際世論は中国に対してかなり厳しくなってきているが、各国政府はまだ及び腰である。前著でも指摘したが、習近平政権は、情報開示を怠ったために、武漢ウイルスによるコロナの被害を全世界に拡散させ、その責任も取らずお詫びを表明しないままである。それへの怒りの声もあわせて、ウイグル問題も同様に中共の許せない野蛮行為として告発していく必要があるだろう。

もはや、習近平は、特定民族（ユダヤ人）を殺戮したヒトラーにも譬えられるべき悪党ではないか。

日本でも在日ウイグル人たちが立ち上がっている。二〇一九年七月六日には、明治大学で、「中国新疆ウイグル自治区・ムスリム強制収容を語る」というシンポジウムが開かれた。アムネスティと明治大学現代中国研究所の主催によるものだった。それに出席した人によると、こういう内容だった。

夫の勤務先のあるエジプトで生まれた子供三人を親に見せようと帰国したら、突然拘束され、一時釈放されたりしつつも三度にわたって拘束され強制収容所を体験した女性ミフリグル・トゥルスンさんのビデオレターやライブの質疑応答などや、在日ウイグル人の家族を返せといった訴えなど、四時間近い集会だったという。『中国を追われたウイグル人　亡命者が語る政治弾圧』（文春新書）の著者の水谷尚子さん（明治大学准教授）が司会役で熱弁をふるっていたとのことだ。

ミフリグルさんは、得体の知れない注射をされ、クスリを飲まされたという。電気ショックや拷問なども受けていた。

ある在日ウイグルの女性などは、涙ながらに家族が収容されている事実を語りつつ「中国政府、中国共産党の罪を許さない、このことは次にはみなさんの身にも起こるかもしれない……」と涙ながらに訴えたという。聞いていたその人は思わずもらい泣きしたとのことだ。

このあたりの弾圧の実態については、福島香織氏の『ウイグル人に何が起きているのか　民族迫害の起源と現在』（PHP新書）にも詳しいが、実は、清水ともみ氏もその集会に参加していたのだ。ミフリグルさんの「命がけの証言」に衝撃を受けて、マンガ『その國の名を誰も言わない』（Kindle版）を作成し、『私の身に起きたことと　あるウイグル人女性の証言』（季節社）に結実したのだ。

ノーテンキだったNHK『シルクロード』放送の罪

私もいろいろと取材をすすめた。

最近、ウルムチからカシュガルまで旅行してきた知人はこう苦笑する。

「至るところに検問所が設けられ、漢民族のツアーガイドと一緒でもしつこく尋問されました。特にウルムチの警備の厳しさには辟易です。田舎のクチャの駅舎は漢民族の観光プロモーションで新しくできたばかりで立派でした。今年は漢民族の新疆ウイグル自治区への旅行者が激増して一億人を超えたそうです。カシュガルは平均給与が年間三〜四万円という辺境地ながら、食糧庫のように果物や野菜が豊富でバザールには商品があふれかえっていました。とはいえウイグル族経営の宿に泊まったら、一流ホテルにも関わらず稀にみるオンボロ宿でした。つまり漢民族の観光客は漢民族経営のホテル、レストラン、土産物屋でお金を落とし、ウイグル族にはお金がまわっていないのが実態です。それから百円ショップが大流行でしたが、ダイソーならぬ、ミニソーという名前には呆れました」

民族浄化といえば、20世紀にナチスドイツによって行われたユダヤ人迫害が記憶に新しいが、21世紀になってまで現在進行形でホロコースト並みの弾圧が行われようとは一体誰が想像しえたであろうか？

余談になるが、中国は九十年代から、南京大虐殺と所謂慰安婦という虚構の問題を組み合わせ、日本が〝アジアン・ホロコースト〟を行ったなどというディス・インフォメーションを世界中にばらまいてきた。

そもそも、ウイグル弾圧はいまに始まったことではない。かれこれ二十年近く前に遡るが、私は西安からトルコのイスタンブールまで列車とバスを乗り継いで一人旅をした事がある（その時の見聞は拙著『冒険女王　女ひとり旅、乞食列車一万二千キロ！』幻冬舎文庫を参照されたし）。

当時も東トルキスタンの最大都市ウルムチでは数件のテロがあり緊張が高まっていた。西安から列車でウイグル自治区に入ると、もうそこは中国ではなかった。トルコ系の彫りの深い顔をしたイスラム教徒達が独自の伝統文化を築きあげていた。

しかし北京政府によって推奨された漢民族の移民が増加し、主要な要職などすべて漢民族に牛耳られ、貧しいウイグル人はウルムチ駅の近くにある〝盲流新村〟と呼ばれる犯罪、売春、薬の売買なんでもありのスラム街に住んでいた。ウルムチ駅のホームから盲流新村の裏手にある公衆トイレが見えたのだが、当然、壁などなく用をたす人達のお尻が丸見えになっていたことをいまでも覚えている。

当時からシルクロードの実態はNHKが垂れ流した優美でノスタルジックなイメージとはかけ離れた世界だったのだ。一九六四年から一九九六年まで東トルキスタンのロプノールの核実験場において、延べ四十六回もの核実験が行われ、札幌医科大学の高田純教授によれば百万人以上の死傷者、被曝者がでたという報告もある。

NHKが一九八〇年に放送した『日中共同制作シルクロード　絲綢之路』の撮影は七九年から行われたというので、取材スタッフが核実験を知らなかった筈はないのだが、この情報は長年隠蔽されてきた。

もっと早く経済制裁をしていれば……

ウイグル周辺での核実験に関し、世界ウイグル会議（東京開催）のために、二〇一二年五月に来日したアニバル・トフティ氏に取材したことがある。彼は一九九八年に秘密裏に核実験が行われた場所に入り、被害状況の調査を行った医師だ。中国政府当局から何度も尾行され、命がけの調査だったが、彼が撮影した〝ロプノール・プロジェクト〟には中国がひた隠しにする悲惨な映像が映っていた。中学生になっても歩行すらできない男の子や、奇病患者、白血病患者の女性など明らかに核実験の後遺症と思われる人達が撮影されている。この貴重なフィルムは英国をはじめ、世界83カ国で放映されているが、残念ながら日本ではまだない。反原発で騒いでいる人権派の団体たちは何故この映像を買わないのか？　加害者が中国だと何か遠慮するのか？　だとしたら情けないにもほどがある。

撮影後、中国政府からさんざんな嫌がらせを受け、身の危険を感じたトフテイさんは一九九三年にイギリスに亡命。

「あれ以来十数年間、故郷に残してきた息子と一度も会っていません。会えないのです」と目を赤くはらしながら、語気を強めてこう言う。

「中国政府は私の撮影したドキュメントはすべて捏造、やらせだと非難します。ならばきちんとした調査をお願いしたい。もし私のやらせが発覚したら、私は逃げも隠れもせず刑を受けます。しかしその反対、私の報告が真実だったら、今からでも一人でも多くの被爆後遺症に苦しむ人々に賠償金を支払ってほしい」

つまりチベットや南モンゴル同様、中国政府によるウイグル弾圧は継続的に行われていたのだ。ところが国際社会は中国が喧伝する〝13億の市場〟幻想に目が眩んで、ウイグルなどは〝内政問題だから内政干渉するな〟という中国の理不尽な脅しに屈してこれらの人権問題には目をつぶってきた恥ずかしい経緯がある。

それでも二〇〇九年、胡錦濤政権下でウイグル騒乱（ウルムチで漢族とウイグル族が対立し、双方に多数の死傷者が出た）の時は国際社会もさすがに少しは報道はしたものの、中国に経済制裁などを課した国はなかった。

だが、最近になってようやくトランプ前政権などが中国への制裁を行なうようになった。もっと早くやっていれば……と思うのは私だけではあるまい。

中国の恫喝にもめげずに靖國参拝をしてくれたウイグル人たち

二〇一二年五月十四日正午、靖國神社の正門で待ち構えていると、「世界ウイグル会議」を日本（東京）で開催するために来日した総裁のラビア・カーディルさんと百名以上のウイグル人達が現れた。チャンネル桜のレポーターとして、私がマイクを向けると、ラビアさんは「この神社に祀られている人たちは、日本を守るために亡くなられた方であり英雄です。又、祖国のために命を落とした方をお参りするのはウイグルの伝統文化であります」と語ってくれた。

そして一呼吸置いてこう付け加えた。

「私達ウイグル人には祖国のために殉じた人達を弔う慰霊碑すらありません……」

この感動的な来日も実現するかどうかギリギリまで大変だった。というのも、中国政府は同会議を「テロ組織と関連があり、中国分裂を狙っている集団」と規定し、アジアで初めての東京大会を阻止しようと様々な圧力を日本政府にかけてきたからだ。

例えば程永華駐日大使（当時）は、与野党の国会議員百人超に同年五月八日付けで同会議の開催を容認したことに抗議するだけでなく、ラビア・カーディル総裁との接触を避けるよう要請してきた。その文面はまるで属国に命令するような口調で、自民党の古屋圭司衆議員議員は「脅迫状ともいうべき文章だ」と非難している。

その内容は、ウイグルもチベットも、中国のお陰で経済発展と遂げたなどとの前置きがあり、「世界ウイグル会議は徹頭徹尾、中国の分裂を企む反中国組織である。（略）議長のラビアは中国国内で国の安全を脅かす罪を犯しただけでなく、脱税などの経済犯罪行為もあり、中国の司法機関から法に基づき判決を受けた犯罪人である」。又、ダライラマ法王については「ダライは単なる宗教人ではなく、宗教を隠れ蓑にして、長年中国の分裂を企み、チベット社会の安定と民族の団結を破壊しようとする政治亡命者であり、チベット独立を企む政治グループの総頭目である」などと書かれているのだから呆れるばかりだ。

こうした中国政府の姿勢に例のごとく日本政府は中国に気兼ねしてか、ギリギリまでビザを出さず、ラビア氏が来日したのは五月十三日の夜だった。その事について問うと「もう訪日できないかと思い、航空会社にキャンセルの連絡をしようと思った矢先にビザがおりたのです。何はともあれ受け入れてくれた日本政府に感謝します」とのことだったが……。

靖國神社側は、ラビアさんを含む百人を越えるウイグル人の参拝者達はイスラム教徒ということに配慮し、「昇殿参拝の際も、神道の形式を強要しませんので、皆さま方、心の赴くままになさって下さい」と声掛けし、多くのウイグル人が神殿の中に吸い込まれるように消えていった。

参拝を終え、日本に留学経験のあるA氏は目を赤くしながら「ここには祖国を見守り続ける日本人の魂を感じました。ウイグルではこうしている間にも、多くの同胞が中国政府によって不当に拘束され、生きているのか死んでいるのかもわからない。死んでしまっても何もしてあげることができない。御魂が帰る場所がある日本人は幸せですね」とつぶやいた。

当時は民主党政権下。閣僚が一人として靖國参拝しない情けない日本の〝空気〟に、国を持てないばかりか、すさまじい弾圧を受け続けているウイグルの人達からの無言のメッセージを、私は重く受け止めた。その後、自民党安倍政権になって、若干の改善はされたものの、近年、安倍首相の参拝は「停止」状態だった。ただ、退任した安倍氏は二〇二〇年九月、十月に靖國参拝をされた。

それはさておき、ラビア女史らが靖國神社に参拝したことを知ると、北京政府の洪磊報道局長が激しい口調で非難した。

「中国の分裂分子と日本の右翼勢力が結託して、日中関係の政治的本質を破壊する」「彼らの拙劣な行動は、必ずやウイグル族同胞を含めた国内外の中華人民子弟から唾棄されるだろう」

これもある意味、恫喝であるが、それだけで終わらないのが中国だ。「世界ウイグル会議」と前後して開かれた日中首脳会談の折、胡錦濤国家主席は（二〇一二年）五月十四日、野田首相との二者会談を拒否。韓国の李明博大統領との会談には応じながらである。更に十五日に予定されていた経団連の米倉会長と楊外相との会談も、前日深夜にキャンセルされた。明らかな日本政府への報復であろう。

ともあれ、当時、ラビアさんの子供五名はウイグルにいて、そのうちの三名は軟禁状態で、不当な拘束により刑務所に入れられていた。息子二人は、今回の来日に対する報復措置として、ウイグルで最も劣悪な環境として知られる刑務所に移送されたという。つまり、ラビアさんの一挙手一投足が直接息子さんの命にかかわるほどの影響が及ぼされるわけだ。そういった葛藤をどう乗り越えて活動しているのか聞いてみた。


「世界で最も弾圧され、人権のかけらもない状況に置かれているのが我がウイグル人です。私の愛する息子が移動させられた情報も得ています。しかし、そのような事で、私が我が民族の自由・民主のための戦いを止めることはありません。私はこのウイグル人のために生きているし、一生を捧げているのです。

こういった悲劇は私だけではありません。不当な拘束によって息子達を刑務所に入れられている何千何万のウイグル人の母親達は、私の目を見て、〃いつ我が子を解放できるのか〃と質問してきます。そういう人々は私達に期待しているのです。その期待を私達は裏切ることは出来ません。そういう人々を自由にし、民主的な状況を作ることができれば、私達も自由・民主を手に入れる事が出来ます」

ラビアさんは自身に言い聞かせるように気丈に答えていたが、目には涙が浮かんでいた。そして更にこう続けた。

「私の知っている母親の五人の子供が次々と死刑判決で亡くなっています。これを考えると、私がやるべき事はたくさんあるのです。ですから、そういう人々の期待に答え、裏切らないために、そして、すべての母親が幸せな笑顔を見せるためにも、私はもっと頑張らなければならないと考えています。我が民族の母親の涙によって、この中国共産党は必ず潰れます。なぜならば、どんな酷い独裁者でもどんな酷い政権でも、必ず倒れる日が来るからです」

それはともかく、筆者はこの記事の執筆のため、ラビア・カーディル女史と何日か行動をともにしたのだが、ラビア氏たちが集団で行動する時は、常に怪しげな中国人がつきまとっていた。靖國神社でもそうだったが、五月十六日の中国大使館へのデモ行進でも、中国人カメラマンがつきまとい、ラビア氏たちに賛同して参加した一般の日本人女性の顔写真を執拗に撮り続けたりしていた。そうした経緯を踏まえ、「世界ウイグル会議」開催によって生じた日本と中国の軋轢《あつれき》についてもラビア女史に問うと、こんな答えが返ってきた。

「その事はとても残念なことだと思います。私達はあくまでも同胞、ウイグル人の人権、自由を獲得するために会議を開催しているのに、中国政府はそれをテロ問題とすり替えているのです。いまウイグル民族は、中国の独裁政権によって、最も過酷な弾圧を受けている民族です。中国はその現実が国際的に認知される事に非常な危機感を持っており、隠蔽しようと必死なのです。そこで中国は、我々がいかに危険分子かということを日本にアピールするため、そのような態度に出たのでしょう。

中国のやり方はいつも同じです。中国内部で起こった漢人による反政府的事件でも、ウイグル人と関わりがあるとすり替えて説明し、ウイグル人が、いかに劣悪な集団であるかと喧伝しています。

しかしながら、全てのウイグル人はもう目覚めました。中国政府の蛮行や言葉によるごまかしを理解し、様々な方法で対抗し始めています。このことは中国政府にとっても大きな脅威になりつつあると思います。チベット・ウイグル・モンゴルは共産党政権が占領した土地であり、それをコントロールするためにも、全てを反体制政治勢力による策謀だと世界にアピールし、私たちをとことん弾圧したいという考えなのです」

――この会議に対する中国の反応は？

「妨害は非常に強固なものでした。世界各国から百二十名以上が来日したのですが、ビザを申請する前から圧力をかけて来ました。私の場合、来日直前までメールで攻撃がありました。実際に二名のビザが下りませんでした。それからカザフスタンのメンバーは日本政府からビザが出ていたにも関わらず、十名前後にカザフ政府の出国許可が下りず来日できませんでした」

実際、カザフスタンからやってきたメンバーの女性代表員もこう証言していた。

「中国政府は、首にロープを巻き付け、まるで死刑囚のように合成された私の写真を添付し、日本に行けば命の保証はできない、とする警告書を送りつけてきました。ご丁寧に、数年前、不慮の事故で死んだカザフ在住のウイグル女性の名前まで書いてありました」

又、ドイツから参加したO女史もこう言う。

「中国は、ドイツにいる私に直接、訪日を控えた方がいいのではないか？　と電話をかけてきました。言葉は丁寧でしたが、背後に脅迫を感じ、一度は訪日を断念しようと思ったほどです。それだけではありません。ウイグルに残っている私の親戚にも、数人の公安関係者がやってきて、〝あなたの親戚のOさんは日本で開催されるウイグル会議に参加しようとしているが、おやめになった方がいいと思います。我々は彼女の身の安全を思って忠告しに来たのですが、貴方達から、この事を彼女に伝えてあげて下さい〟と言ったそうです。正直私は、怒りが沸いてきました。ドイツにいる私が日本に来るのに何故それほどの圧力を受けなければならないのでしょう。だから私は、憤りとともに強い決意を持って来日しました」

ラビア女史にも幾度か暗殺されかねない危機があったという。

「もともと私は中国でビジネスをしており、それが成功し一時は国の中国人民政治協商会議全国委員を務めていました。しかし同胞が北京政府に弾圧されている惨状に気付き、彼らを支援する活動を始めると、政府の態度はガラリと変わり、私は犯してもない罪で逮捕され投獄されました。そして欧米諸国の人権団体や米政府の働きかけもあって、中国は私を〝外国での病気療養〟を理由に釈放し、二〇〇五年にアメリカに亡命したのです。しかしアメリカでも命の危険は常にありました。怪しげな中国人が家の周りを徘徊し、警察に通報して事なきを得たこともあります。また、私の乗った自動車めがけて大型のダンプカーが二度も続けて故意に追突してきた事があります。この時は、命からがら車からはいずり出るように脱出して難を逃れましたが、脊髄《せきずい》を痛め、今もその後遺症に苦しんでいます」

——ところで、中国は巨大な軍隊を持つだけでなく、十三億の市場幻想を武器に、世界に対し貴方達を誹謗中傷する言論工作を行っています。これにどう対処するのですか？

「私達ウイグル人が求めているのは非常にシンプルで、人権・民主・自由の獲得です。そうした事を日本の人々が理解して下さったからこそ、アジア最大の民主主義国家である日本の首都の、それも衆議院議員の管轄下にある憲政会館で、ウイグル会議が開催できたのだと感謝しております。また、この会議の直前に、日本の国会議員のみならず地方議員の有志の方々が〝日本ウイグル国会議員連盟〟〝地方議員連盟〟を立ち上げて下さった事は涙がでるほど嬉しい出来事でした。こうした有志の議員の方々を中国政府は〝極右勢力〟と口汚く罵っていますが、なんとも幼稚な手法です。中国政府は日本を批判したり、私達をテロリストに連なる悪の集団と喧伝すればするほど、世界の人々は、何が起きているのかと興味を持ち、調べるでしょう。そうすればウイグル問題の本質を理解できるはずです。何故なら、中国が主張することは、すべて捏造であり、私達が訴えていることは真実だからです」

ラビア・カーディル女史は、その長いウイグルの悲劇の物語を噛《か》みしめるように淡々と語った。

「いかにして東トルキスタンが中国に侵略されたかお話しましょう。私達は高い農業技術を誇り、美しい伝統文化を持っていました。最初は我々の文化の高さに驚き、絶賛していたのです。笑顔で〝友好〟を連発し、甘言ばかり。それがある時、突然〝中国は未開で野蛮なウイグル人を教育し近代化させてあげた〟と対外的に吹聴しはじめました。

一九四九年から五四年にかけて、人民解放軍は野蛮人を救うために来たといって約二十五万人を虐殺しました。最初に富裕層、次に知識人、地域のリーダーや名誉を持つ人、宗教指導者の順に殺していきました。カシュガルの王宮も破壊されました。

次に行ったのが精神的な破壊です。人は一日一食、食べられるかどうかという状況におかれると精神が不安定になります。恐怖感は人としての基本的な感覚を破壊します。中国人はそうした事を熟知した上で、私達を動物のように扱ってきたのです。シャワーを禁じ、川で体を洗う生活を強要し、二十人で一つの部屋で寝起きし、十人で一つの鍋をつつく生活を強要しました。

そして、ある日、頬笑みながら〝我々の政策に間違いがあるなら、素直に声を挙げてください。それを参考に改善します〟と言いながら、声を挙げた人をいきなり国家反逆罪だといって拘束しました。その数は六万人以上で、彼らはクリム盆地に追放されましたが生きて戻った人は千人にも満たなかったのです。

一九六一年の配給は一カ月二百五十グラムの油と、八～十三キロの食糧で、飢餓のために数十万人が死にました。当時の〝汚れた白饅頭〟の事件は有名です。ウイグル人に中国人が白い饅頭を投げ与えました。しかしその饅頭は大便をした後、尻を拭いたもので、汚物がこびりついていました」

「一九六四年から九六年にかけて、中国政府はウイグルの砂漠で地上核実験を四十六回も行い、そのため何十万、何百万という人々が被害を受けました。直接的、間接的にどれほどの人々が死んだか誰にもわからず、中学生になっても歩行できない男の子や、癌、白血病、奇病患者が続出しました。中国政府は被害の大きかった村々を封鎖し、立ち入り禁止にしましたが、98年に医師のアニバル・トフティ氏が、密かに潜入し、悲惨な実態を映像にして、世界83カ国で公開しました。しかし、現在も癌や原因不明の奇病は続いていますが、政府は貧しい彼らに一切に治療も支援せず、自然と死に絶えるのを待っているような状態です」

あれから九年、ラビアさんの切実なる願いは北京政府に響かないどころか、事態はより悪化の一路を辿っている。中国の経済市場を目がくらんで、言うべきことを言わないでいたら世界はどうなるのだろう。

戦前、日本軍部の弾圧や朝鮮統治がどうのこうのというリベラル派こそ、今日の中国の帝国主義、軍事拡張主義、周辺諸国への威嚇、周辺地域（チベット、ウイグル、南モンゴル）の植民地化、同化政策に抗議の声をあげるべきではないのか。お得意のデモもやればいいのに、なぜしり込みをしているのだろう。まさしく、この人々が「日本を貶める」「反日謝罪男（女）と捏造メディア」というしかない。

チベットも忘れずに

冒頭での指摘の繰り返しになるが、米政府は二〇二一年一月、ウイグル弾圧をジェノサイドと認定。カナダ下院も同年二月二十二日に非難決議を採択し、オランダ下院も二月二十五日に採択した。

一方、『日本政府、中国のウイグル弾圧を「ジェノサイドとは認めず」米国務省認定と相違』（毎日新聞二〇二一年一月二十六日）という報道がなされ、私は翌日外務省に電話し、真偽を確かめた。担当者はこういう。

「毎日新聞も少し大げさに書いている部分もあって、認めないとは言ってないんです」

――なら認めますか？

「日本はジエノサイド条約に批准していないので認定しにくいのです」

――では認定しないのですか？

「現段階ではなんともお答えできません」

いかにも官僚答弁だが、なんで日本はこうまで意思不在の情けない国になってしまったのだろう。

私はやるせない気持ちを抱えながらチベットのペマ・ギャルポ氏に話を聞きにいった。チベットは九〇年代から取材をしており、チベットのみならず、チベット亡命政権があるインドのダラムサラ、チベット難民収容所があるネパールのカトマンズなども訪ねたことがある。中国はチベットに侵略し、九〇年代においてもすでに百二十万人を虐殺している。

――ようやく二〇二〇年末から西側諸国がウイグル・ジェノサイドと認定しましたね。

「チベットはとうの昔に段階的に認定されています。一九五二年から国連総会はチベット人民の基本的人権尊重と個別の文化的、宗教的生活の尊重を要請し、一九六一年には、チベット人民の自決権を含む基本的人権及び自由を剝奪する行為を停止するよう厳粛に求めています。また恣意的拘禁に関する作業グループは九一年から子供を含む千人以上に対する不当逮捕、恣意的拘禁、強制失踪、拷問、強制労働等の侵害行為について報告し、二〇〇八年、拷問禁止委員会において、チベット及びウイグル民族に対する中国政府による「長期にわたる拷問、殴打、足枷《あしかせ》その他虐待」行為が報告されています」。

――ウイグルのような強制収容所はないのですか？

「建物に拘束するというより、チベットの伝統的な生活を破壊するためにひどいことを行っています。例えば二〇二〇年一月〜七月までの間に十四歳〜五十歳代の働き盛りの世代約五十四万人を駆り出し、劣悪な条件で労働させています。奴隷労働に近いものです。これを中国は〝チベットの近代化を共産党が成し遂げている〟と喧伝しています」

――相変わらずチベット弾圧は続いていますか？

「もちろんです。各家庭に番号をふり、家族構成を全て把握。隣人の訪問や宿泊などすべてチェックし、二十四時間体制で相互監視社会体制を敷いています。遊牧民ですらGPSをつけられているのです」

――なんでそこまで徹底した監視体制を敷いているのですか？

「恐れの裏返しですよ。中国共産党は正当な民主主義、選挙で選ばれた政権ではありません。共産党幹部の間でも熾烈な権力闘争にあけくれ習近平だって何度も暗殺の危機にあったことを告白しています。チベット・ウイグル・南モンゴル弾圧、そして香港、台湾との軋轢、戸籍のない労働者たち、天安門事件、文化大革命と大飢饉、歴史を振り返れば、中国共産党ほど人々の幸せを奪った政権はありません。中南海の連中は安眠なんてできないと思いますよ」

――ウイグル同様、信仰の自由も奪われていますか？

「中国は侵略してから七千以上の寺院仏閣を破壊し、めぼしい仏具などはすべて売り飛ばしました。二〇一七年からは更に監視を強め、確か十五歳以下の子供はお寺に参拝してはいけないことになっています。子供の洗脳に力を入れ、子供はどんなに家が近くても寄宿舎生活を強要され、親と切り離されています」

――中国共産党はダライ・ラマをダラとしか読んではいけない。法王の写真も飾ってはならないとしている。そして、国家分裂先導者の悪人ダラをインドに追い出し、農奴だったチベットを解放、近代化させたと喧伝していますね。

「はい、相変わらず喧伝しています。法王の写真の代わりに毛沢東と習近平の写真を飾るように強要したり。でも役人は上手ですよ。ダライ・ラマの写真を没収し、闇市で高く売りつけているんです（笑）」

――そういう宣伝、洗脳って効果あるのですか？

「ある程度はあるかもしれません。とはいえチベット人の心の奥底にはダライ・ラマ法王が生き続けています。人々の心まで共産党は介入できません。チベット人はどんなに迫害されようとも真実の信仰、チベットのアイデンティティを捨て去ることはないと思います」

ペマさんの最後の言葉に少し希望を見出せたが、別れ際、ペマさんが言った言葉が今でも脳裏を離れない。十年前から指摘されていたビジョンだが、二〇二一年の現時点、いまだ冗談にも思えないほどリアリティを感じるのは私だけではあるまい。

「どうか中国共産党を甘く見ないでください。香港の次は台湾、台湾の次は沖縄と北海道、身の丈をこえた際限のない領土拡張を夢想するだけではなく、実際にどう浸透して最終的に中国領にするかということを千年単位で考えていますから……」

ペマさんの警鐘に耳を傾けることなく、中国共産党の所業を甘く見てきた「親中派」の懲りない面々を、次章以降、具体的に批判的に検証していきたい。

第一部

捏造メディアは相変わらずお元気？

第一章

フジテレビは「中国臓器移植（ウイグル人）の闇に尻込み」

一兆円産業の臓器ビジネスの闇を見ないフジテレビ

二〇一九年末に中国武漢で発生し、二〇二〇年初頭から世界に拡散した新型コロナウイルス。二〇二一年三月下旬現在で、世界の感染者数は一億二千万人、死者は二百七十万人となった（日本でも死者は九千人に達している）。

ここで取り上げるフジテレビの番組は、昨年（二〇二〇年）六月に、コロナ禍第一波が終焉《しゅうえん》の兆しをみせていた時のものだ。

六月、《心臓移植へ日中バトンつながる　藤田医科大病院で闘病実習生、チャーター機で帰国》と題し、《技能実習生として来日中に重い心臓病を患い、藤田医科大病院（愛知県豊明市）で闘病してきた中国人女性（24）が12日、心臓移植手術を受けるため、中部国際空港（同県常滑市）から中国当局が手配したチャーター機に乗り、帰国した。女性は心臓外科の先進医療で知られる中国・武漢の病院に入院し、移植の日を待つ》（中日新聞・二〇二〇年六月十三日付）といったニュースが、他にも東京新聞などで報じられた。

ＮＨＫも報じたが、なんといってもインパクトが大きかったのは、フジテレビ系の朝の情報番組『とくダネ！』の特集コーナーで取り上げられたことだ（「日本から中国へつないだ〝命のバトン〟」六月十六日放送）。確かに日中が協力し、重い心臓病を患う若い中国人女性の生命が救われる物語は美しい。

だが、放送を見ると、疑問がふつふつと湧いてきた。

たとえば「日本では待機時間は三年、中国では心臓移植が一～二カ月でできる」と報じられたが、他国と比較して、中国国内で早急に臓器移植手術を受けられる理由は何か。それらの臓器は、どこからかオンデマンドで供給されているのだろうか……。

これらの疑問には一切触れず、全体的な印象としては〝日本より中国の臓器移植の方が、ドナーも見つかりやすく、進んでいる〟といった中国臓器移植を肯定する内容だった。

案の定、放送後、ネットを中心に批判の声が多数上がった。

ウイグル弾圧の悲劇を漫画で訴えてきた前出の清水ともみ氏は、ツイッター（六月十七日）で《〝日本で進まぬ臓器移植〟、一方中国では1〜2カ月で出来るのにって？なんだこのアオリ。ひとりの人間の命を、人生をいただく行為が、そんなに簡単に出来るはずがない。そして、世界で言われている背景を報道が知らないはずがない。おかしいし、怖いよ》とコメントしている。

中国政府によるウイグル弾圧や中国臓器移植ビジネスの実態を知る視聴者からすれば、おぞましい臓器売買の実態を伏せて美談に仕立て上げたフジテレビに対して、怒りの矛先《ほこさき》が向くのも当然だろう。

中国には臓器移植のため、罪もない人間が強制収容施設にストックされており、今や臓器移植は中国で一兆円産業と指摘されている。

この問題に詳しいジャーナリストの野村旗守《はたる》氏はこう言う。

「元中国国家主席江沢民の号令で開始された法輪功に対する迫害は、間違いなく今世紀最大の人権弾圧の一つです。

中国は世界に冠たる拷問文化の国で、近年は法輪功のみならずウイグル、チベット、南モンゴルの人々も迫害しています。共産党政府は、軍や警察、諜報機関などを駆使し、信仰を放棄しない者に対しては、長時間に及ぶ殴打、電気ショック、集団による性暴力、薬物強要、過酷な強制労働、睡眠剝奪《はくだつ》、言葉による侮辱《ぶじょく》や脅迫等々、およそ考え得るすべての方法を総動員して転向を迫ります。二〇二〇年三月に公開されたドキュメンタリー映画『馬三家からの手紙』はその実態を克明に描いています。

なかでも狂気の迫害が、脳死状態にした信者の生体から心臓、肝臓、腎臓、角膜などの主要臓器・器官を盗み取る『臓器狩り』の蛮行です」

この話ですぐに思い出したのは、事実かどうかは異論もあるようだが、ナチスが、アウシュビッツなどでユダヤ人の死体から採取した脂肪を材料として石鹸を作っていたという逸話だ。少なくとも、「臓器狩り」に関しては、具体的な証言があり、噂や風説ではないことは間違いない。

『とくダネ！』特集の欺瞞《ぎまん》

『とくダネ！』による〝日中の国境を越えてつないだ命のバトン〟特集によると、中国人女性を救うため、医師たちが中国領事館に働きかけ、中国南方航空も動いたという。

ナレーション　「母国中国で心臓移植を受ける。中国ならすぐにドナーも見つかるはず。総領事館に掛け合い、武漢市にある心臓外科の先進医療で有名な病院の受け入れも決定し、あとは帰国の日を待つだけとなった」

番組内で中心的役割を果たしたのが、医療ジャーナリストの伊藤隼也《いとうしゅんや》氏である。

彼は二〇一九年から藤田医科大学の理事長のアドバイザーを務めており、今回は患者の中国人女性を三カ月以上、見守っていたという。

小倉　「日本国内においては、日本人でも臓器移植はまだハードルが高いのですが、それが日本にいる外国人が臓器移植ということになると、現状としては、隼也さん、どうなんですか」

伊藤　「ほとんど不可能に近いと思います。実際、過去に数例だけあるのですが、日本の健康保険を持っている患者さんはできるんですが、実際問題、日本の臓器移植の待機者はいま一万四千人以上いるんですね。実際、そのうちの二％ぐらいの方が平均三年一カ月近くお待ちになっているということで、心臓移植だけではなくて、今回補助循環装置を使いましたよね」

小倉　「彼女を武漢に送り届けたということは、中国武漢のほうが移植手術がやりやすいということなんですか」

伊藤　「やはり武漢は非常に移植の待機時間（平均一〜二カ月）が短いんですね。それで、日本と違って数カ月待てば、残念ながら日本と違うという点はあるんですが、移植ができるという現実があります。（略）本当に日本でもまだまだいろいろな取り組みが必要だと思っているのですが、実際問題、中国と比べると日本はそこに関しては残念ですが、いわゆる十分ではない環境ですね、本当に」

カズレーザー「いや、もともと心臓病に罹患《りかん》する方の割合というのはあまり変わらないと思うんですけど、そこまでドナーの数に差がある根本的な理由は何でしょうかね？」

伊藤「やはり日本と制度が違うとか人口がすごく多いとか、さまざまな理由があるのですが、やはり移植に対する国の考え方そのものとか国民のいろいろな考え方が違うので、これは一概に比較はできないので、僕はこの日本の補助人工技術、これは藤田医科大学はすごいと思うんですよね（略）」

グローバルな医療ツーリズムの危うい実態

要するに臓器移植に関し、日本では平均三年一カ月の待機だが、中国では平均一カ月～二カ月の待機ですむと、中国でのスピーディな移植を間接的にPRしているわけだ。

伊藤氏は、タレントのカズレーザーさんの問題の核心をつく質問に対して、問題の本質をはぐらかしているように見受けられる。なぜなら、伊藤氏は株式会社医療情報研究所の代表なのだから、中国臓器移植の問題点を知らないはずがない。伊藤氏に「DHC虎ノ門ニュース」を通じて取材を申し込んだのだが、なぜか断られてしまった。

この美談の背景には、実は愛知県の大村知事の鳴り物入りで「インバウンドによる健診・検診で収益を上げる」といったことが、愛知県で積極的に推進されてきたこととも無縁ではない。

大村知事は「医療ツーリズムのニーズが世界的に高まる一方、我が国の受入れに向けた取組は、またまだ十分とはいえない状況です。そうした中、愛知県では医療ツーリズムを推進し、優れた医療技術の提供と医療の国際化を図るため、今月23日、〝あいち医療ツーリズム研究会〟を立ち上げることといたしました」（二〇一六年五月十日）

とツイートしている。

医療の国際化とはいえ、実際には愛知県健康福祉部保健医療局医務課・主査の山川高英氏の報告によると、県内十七の病院（予定を含む）が外国人患者の受け入れを実施、全体二百四十四名中二百三十人が中国人と圧倒的な数を占めている。価格設定は「診療報酬単価と同じまたはそれ以下」、及び「診療報酬単価の二倍以上」が多いとあり、中国の富裕層がターゲットであることは一目瞭然だ。

また、二〇一四年度より補助金事業として政府が医療機関における外国人患者受入れ環境整備事業を開始し、全国から十九病院が選ばれており、愛知県はこの時点で藤田保健衛生大学病院（現在は「藤田医科大学病院」に改名）のみがエントリーされている。医療ツーリズムに関して、こんなニュースも報じられている。

《日本の医療機関が中国人に人気、悪質業者も
ある日本診療手配サービス会社が明かした数字によると、日本での診療の相談は毎年平均1万件を超え、それぞれの治療費は大部分が600万円以上になるという。医

療目的で訪日する中国人の数は、２０２０年にはのべ31万人を超す見込みで、医療市場の潜在的規模は５５０７億円に及ぶと予想している。

業界関係者の話では、言葉の壁や地域格差を利用して、日本の医療機関について中国国内で虚偽の宣伝をしたり、法外な値段を要求したりする業者がいるという。例えば、本来４万元（約64万円）しかかからないフルコースの精密身体検査で、13万元（約２１０万円）も徴収した事例があった。

また、日本の医療機関では銀行カードを利用できるのにも関わらず、多くの仲介業者が自らの利ザヤ稼ぎのため、患者には仲介業者を通さなければ支払いができないと告げているという》（『東方新報』二〇一九年五月十八日付）

大村知事といえば、「お辞め下さい　大村秀章愛知県知事　愛知１００万人リコールの会」が発足し、ネットを中心に話題になったこともある「問題知事」だ。

大村氏は、国際芸術祭「あいちトリエンナーレ２０１９」の企画展で、昭和天皇の写真をバーナーで焼き、その灰を足で踏み付けるような映像作品などの公開を認めた揚げ句、公金を投入していたことで批判されていた。ところが地元のメディアや大マスコミは、トリエンナーレでは慰安婦少女像展示のみにフォーカスをあて、そこにクレームをつけるのは「表現の自由への弾圧であり、ヘイトだ」といった論点のすり替えを行っていたのだ。

一方で、慰安婦少女像以外に、①天皇侮辱動画を隠して出品、②日本兵士侮辱といった、信じられない作品が展示されていたことには一切触れていない。そんな展示会を承認し、さらには愛知県コロナ感染者四百九十五名の情報漏洩問題（新型コロナウイルス感染者の個人情報が愛知県公式ウェブサイトに誤って掲載した問題）とあわせて、大村知事行政そのものが問題視されていた。

リコール運動を旗揚げしたのは、美容外科「高須クリニック」の高須克弥院長で、二〇二〇年六月二十八日には名古屋市の河村たかし市長とともに、市内の繁華街でリコール・キャンペーンを展開。作家の百田尚樹氏やジャーナリストの有本香氏なども賛同している（このリコール運動に関して、不正署名問題が発覚したのは残念なことだが、リコールの動機そのものは正しいと私は思う）。

地元の人に「なぜ、中日新聞は大村知事リコール運動を大々的に報じないのか？」と尋ねると、こう教えてくれた。

「大村行政と中日新聞はズブズブですから。中日新聞の社長・大島宇一郎氏は、愛知県が二〇二二年秋の開業を目指し整備を進めるジブリパークの運営会社の社長にも就任していてウハウハでしょう。愛知県で後押ししている観光産業の重要なポストをゲットできたわけですから、これも俯瞰《ふかん》してみれば大村行政のお陰ではないでしょうか？」

それにしても普通の日本人の神経なら、このように日本を貶《おとし》める下品な作品を芸術のカテゴリーに入れることはしないだろうが、よく調べてみると、大村知事は実に中国や朝鮮半島がお好きな方のようだ。

二〇一九年、愛知県国際展示場で行われた統一教会のイベントには「孝情文化祝福フェスティバルの開催を祝し、心よりお喜び申し上げます。混迷する東アジア情勢の中で太平洋運命圏時代と日韓米の連携をテーマに韓鶴子総裁をこの愛知県国際展示場にお迎えし、かくも各界各層の多くの皆様がご降臨くださったことに心より歓迎申し上げます。（後略）二〇一九年十月六日／愛知県知事・大村秀章」などと祝電を送っている。

同年九月二十六日にも、中国駐名古屋総領事館が開催した中華人民共和国成立七十周年祝賀会に出席した大村知事は「特に今年五月の中国訪問の成果を言及し、雄安新区に訪れグリン・スマートシティの魅力を理解した。新しく広東省と友好提携を結び、各分野での協力に強固たる基礎を固めた。清華大学と交流覚書を調印し、教育、科学技術イノベーション、人材育成などの面で協力関係を強めた。大村知事は当面日中関係のさらなる発展のチャンスを摑み、中国との友好交流と実務協力を深めていきたいと述べた」（中国駐名古屋総領事館ＨＰ）という。

大村知事の自慢は、愛知と中国との〝ピンポン友好外交〟で、一九九九年、当時、自民党の国会議員だった大村知事は日中友好議員連盟のメンバーとして初訪中、以後、二十回に及ぶ訪中を果たしている。そもそも愛知県は二〇〇四年には「上海産業情報センター」」、二〇〇八年には、愛知県内企業の相談窓口である「愛知県江蘇省サポートデスク」も設立している。《愛知県は日中経済や日中関係の発展においても主導する立場である》（『人民中国』二〇二〇年二月号）と自負しているそうだ。

中国製装置で放射能を当てられて大丈夫？

藤田医科大学病院に話を戻そう。実際にどういう病院なのか、通院する患者さんに話を聞いてみた。

「先生も看護師さんも親切で、地元では大変評判のいい病院です。ただちょっと気になることが。二〇一九年、PET‐CT検査を受けた時、装置に『漢字のロゴ』が書かれていたのです。珍しいな、と思い、どこの製品ですか？　と技師さんに聞いてみました。すると技師さんが、『ユナイテッド・イメージング社製です』というのです。病院のHPで見たものには、SIEMENS《シーメンス》と書かれていたのですが、その場でそれ以上技師さんにも聞けず、帰宅してネットで調べたらやはり中国の会社でした。

私は中国製の装置で放射線を当てられて本当に大丈夫だったのか今でも不安です。何しろそれに個人情報の秘匿がどの程度守られるのかということも気になりました。何しろTikTokやZoomのような中華系アプリでさえ問題視されているのに、検査の情報は大丈夫？　と思わずにはいられませんでした。もちろん、病院を信用していますが、もし中国製で検査されると知っていたら……ちょっと考えたかもしれません」

かくもメイド・イン・チャイナのイメージは悪い。携帯電話や圧力鍋が爆発したというニュースが記憶に新しいので、患者さんの不安は理解できる。

ユナイテッド・イメージング社のHPを調べると「中国ハイエンド医療機器マーケットのファーウェイ（HUAWEI）となることを一つの目標として掲げており、これからの中国の製造業を背負って立つ存在となることを期待されています」とある。また、同社はアメリカを中心に、海外にも医療装置を多数提供している実績があるようだ。

知人の医療関係者らに、ユナイテッド・イメージング社について聞いてみた。

「アメリカは今でこそファーウェイをはじめとする中国の国策会社の正体を見抜いていますが、オバマ政権時代には中国とズブズブで、随分この会社の医療機器が導入されたようです。シーメンスなどの老舗《しにせ》と同等の機器は、機種にもよりますが三〜五億円が相場だと思います。ユナイテッド・イメージング社の機器の日本への納入価格はわかりませんが、老舗メーカーよりは安価だと思います」

――なぜ安価なのでしょうか？

「GEやシーメンス、フィリップスでの勤務経験がある（もしくは潜り込んでいた）人が多数働いている会社だと聞いています。開発費が節約されていて安いのでしょう」

――それって産業スパイじゃないですか！

「中国はそういう国ですから……」

また、「この会社の医療機器は、中国国内では、中南海の人間が入る人民解放軍系の三〇一病院や、臓器移植で訴訟沙汰にもなった解放軍三〇九病院にも導入されているようだ」という情報も寄せられた。

中国の四色の罠《わな》

藤田医科大学病院のHPには「ファーウェイ（中国語表記：華為技術、英語表記：HUAWEI）様よりマスク10万枚を寄贈いただきました」（二〇二〇年三月十九日）と記載されてもいた。

ファーウェイといえば、アメリカやカナダのみならず世界中が警戒感を強めている企業だが、藤田医科大学病院は中国とのつながりが随分深いようだ。そして「厚生労働省からは、外国人患者さんの受け入れ拠点病院に認定され、医療通訳の育成、検査内容説明等の各種患者説明文書の多言語対応などにも取り組んでいる」「中国の早期がん患者さんへのセカンドオピニオン対応を高品質なテレビ会議システムで国境をまたいで実現」とも紹介されている。

カルテ、患者情報が大陸とつながっていることを意味するのだろうが、患者一人ひとりの個人情報が中国政府に握られる可能性はないのか。たとえば、親中派の某議員の妻は中国で臓器移植を受けたなどとも噂されている。

冒頭で紹介した野村旗守氏は「中国には四色の罠がある。赤はハニートラップ、黄色がマネー、青がサイバー、緑がメディカル」と指摘していた。日本の医学界が中国に侵食されている可能性も否定できない。

隣国との友好は大事ではあるが、真の友好とは目先の経済的な利益などではなく、人としての高い倫理観や道義観といったものがベースとなって構築されてゆくものだと思う。コロナ禍を世界中にばらまいても謝罪一つせず、むしろ〝中国がコロナを封じ込めた〟といわんばかりのハッタリ外交を展開する中国との関係を続けていいものか。

愛知県と言えば、トヨタの技術が中国に流出するのでは、という不安も囁《ささや》かれている。ちなみに藤田医科大学病院でも、数年前から経営方針に「トヨタ生産方式」（ムダの削除、ジャストインタイムなど）が導入されているようだ。

この美談が放送された直後の二〇二〇年六月三十日、香港での反体制活動を禁じる

「香港国家安全維持法」が施行され、〝香港が死んだ日〟と、世界中から評された。すでに香港では一万人を超える反体制派が拘束され、国家安全法の容疑者はＤＮＡ検査などを強制的に受けさせられているという。彼らが臓器摘出のための待機要員とされないことを願うばかりだ。

第二章　ＮＨＫが、またやった フェイクな「捏造番組・軍艦島特集」

フェイク・捏造はＮＨＫのお家芸？

ＮＨＫはどうなってしまったのだろうか。

以前からさまざまな番組内容に偏向があると指摘されていた。前著『日本を貶める――「反日謝罪男と捏造メディア」の正体』でも、『「現代史」を歪めて平気の平左のＮＨＫに受信料を払う理由なし』と題して、朝日より酷いとして『アジアの〝一等国〟』（二〇〇九年四月五日放送）を俎上《そじょう》にあげたことがあった。日本統治下の台湾に関して、当時を知る台湾の人々の発言（統治を評価するコメントなど）を恣意的に歪曲して番組を作った裏舞台が暴露され、番組に出演した台湾人も加わり、一万人以上の人が訴えた史上最大の訴訟となった「事件」だ。

関係者の証言を恣意的に歪めることによって、ファクトではないフェイクな世界を捏造する――。ジャーナリズムの世界にあってはならない、こうした手法は、もはやNHKのお家芸なのだろうか。その思いを改めて強く抱かざるを得ない捏造番組が放映された。それを検証してみたい。

二〇二〇年十月十六日に放送された「実感ドドド！　追憶の島〜ゆれる〝歴史継承〟〜」(九州・沖縄限定）は、あまりの惨状に目を覆いたくなるほどだった。

産業遺産情報センター長の加藤康子氏は、番組の取材を受け、真摯《しんし》に答えたものの、悪意ある編集によって真意を歪《ゆが》めて報じられてしまった。この問題の本質は一体どこにあるのか――。

番組は、奇妙なナレーションから始まる。

ナレーション　今、その軍艦島が論争の舞台となっている。第二次大戦中、植民地だった朝鮮半島、そして中国から労働者が動員された歴史をどう残すのか。五年前、明治日本の産業革命遺産の一つとしてユネスコの世界遺産に登録された軍艦島。その際、日本政府は歴史全体を伝えるようユネスコに勧告された。

今年、その勧告を受けて政府は展示施設をオープン。しかし、戦時中の動員の歴史を美化しているなどと、国内外から批判（傍点筆者）の声が上がっている。

加藤氏は言う。

「ユネスコに勧告された〝歴史全体〟とは、第二次大戦中の戦時徴用だけを指しているのではありません。ユネスコ世界遺産委員国の大使が次々とセンターを訪れ、〝ここには情報が揃っている、ユネスコとしては問題を感じない〟とおっしゃいました」

つまり、ＮＨＫの言う〝国内外からの批判〟とは、具体的に言えば、日本の反日勢力（大マスコミ、一部の学者、活動家）と韓国のみだ。

ナレーション　ユネスコは第二次大戦の反省から、いわゆる負の歴史を持つ遺産を世界遺産に登録。各地でその継承を促してきた。

この後、番組の主軸として登場するのが、〝負の歴史〟を継承してきた朝鮮総連と関係が深い〝強制動員真相究明ネットワーク〟である竹内康人氏や共産党員、強制連行語り部《べ》の在日の子孫など。

問題は〝負の歴史〟だけではない。証言も記録した加藤氏や、端島《はしま》（＝長崎市〈旧西彼杵郡高島町〉にある島。通称「軍艦島」）島民の会の石川東氏などの発言を、NHKは恣意《しい》的に、揚げ足をとるかのような編集をして番組構成をしていることだ。さらに許せないことに、番組で取り上げた資料についても同様の手法が垣間見られたので紹介しておこう。

日韓分断工作

ナレーション　軍艦島での動員の記録は長崎の公的な記録にも掲載されている。島が世界遺産に登録される一年前に発行された、長崎市の市史。

分厚い長崎市史の中から、わざわざＮＨＫがクローズアップしたところを紹介しよう。

《朝鮮半島でも農業ができなかった。その農民を一年二年の契約で炭鉱が雇用した。だが契約期間が過ぎると帰郷し、労働力不足は続いた。状況は年々ひどくなり、最後は強制力をもつ徴用制度と暴力で働かせた。長崎や朝鮮半島で、当時の「生き証人」に会って調査をしている筑豊の林えいだい（作家）は、著書「筑豊・軍艦島」で次のように書いている》

問題はＮＨＫが引用したすぐ下に大事な情報が書かれているにもかかわらず、そこが削りとられていることだ。

ＮＨＫが恣意的に落としたと推定される、次に続く一文を紹介する。

《端島炭鉱の外勤労務係はみんな朝鮮人で、同胞に対しては特別に厳しかった。朝鮮人工夫を何人入坑させたかが腕の見せどころで、叩いてでも無理に入坑させた。それが労務係の評価につながるのだった。そこに外勤労務係の暴力という虐待行為が生まれる要因があった。当然、入坑させるほど外勤手当ても加算され、上司の受けが良いのである》

朝鮮人が同胞を虐待していたことを覆い隠して日本人に責任転嫁する同様の手法は、朝鮮大学校の朴慶植氏が書いた『朝鮮人強制連行の記録』（未來社）でも見られる。この本はいみじくも日韓協定が結ばれた一九六五年に出版されており、鄭大均氏の『在日・強制連行の神話』（文春新書）では、朴氏が引用したグラフ解釈の矛盾なども指摘し、北朝鮮による日韓分断工作の意図があったと指摘している。

その朴氏が著作で引用したのが一九五〇年に鎌田澤一郎氏が書いた『朝鮮新話』（創元社）。彼は宇垣一成《うがきかずしげ》大将が朝鮮総督を務めた時代（一九二七～三六年）に政策顧問を務め、同時に韓国統監府の機関紙である京城日報社の社長も務めた。

『朝鮮新話』には、次のような箇所がある。

《もつともひどいのは労務の徴用である。戦争が次第に苛烈になるに従って、朝鮮にも志願兵制度が敷かれる一方、労務徴用者の割当が相当厳しくなつて来た。納得の上で応募させてゐたのでは、その予定数に仲々達しない。そこで郡とか面（村）とかの労務係が深夜や早暁、突如男手のある家の寝込みを襲ひ、或ひは田畑で働いてゐる最中に、トラックを廻して何げなくそれに乗せ、かくてそれらで集団を編成して、北海道や九州の炭鉱へ送り込み、その責を果たすといふ乱暴なことをした》

この後に続く一文を朴氏は削って自著に引用している。

《但《ただ》総督がそれまで強行せよと命じたわけではないが、上司の鼻息を窺ふ朝鮮出身の末端の官吏や公吏がやってのけたのである》

この一文が入るか入らないかで歴史の解釈は大きく分かれる。プロパガンダを担った朝鮮総連系の人物ならともかく、日本人から強制的に受信料を徴収しているＮＨＫともあろうものが、朴氏と同様の手法を使って史実を歪曲《わいきょく》報道しているのだから話にならない。

執拗なマイナスイメージづくり

番組内で紹介された林えいだい氏とは何者だろうか。現在、巷《ちまた》に流布されている戦時中の慰安所の写真は、実は林氏が戦時中に中国戦線で軍医だった麻生徹男氏から盗んだものだ。私は麻生氏の娘、天児都氏を訪ねた。

天児氏はこう言う。

「一九八九年、父が亡くなった四カ月後、ルポルタージュ作家林えいだいと名乗る人物が母を訪ねてきました。彼は慰安婦の写真帖を見て写真の複写を行い、母に関連資料を父の書斎に取りにいかせた隙に、五枚の写真をはぎ取り、無断で持ち帰ったのです。実は父は戦時中の女性たちの写真をまとめて『戦線女人考』と題する写真集を出版社で作成中に亡くなってしまい、主な資料は出版社に預けてあったのです。

その日の午後帰宅した私は、いつもならもてなし上手な母が、林が昼食もとらずにそそくさと帰っていってしまったと聞いて、妙な胸騒ぎを覚え、アルバムを見ると五枚の写真がはぎ取られていることを発見しました。

しかも林はその日の午後、出版社に立ち寄り、未製本の写真集一冊分を勝手に持ち出していたこともわかりました。私はその夜、林に電話して〝今日持っていったものはいったん全部返してほしい〟と伝えました。

数日後に感光した三十五ミリフィルム二枚と、未製本の写真、紙のコピー二枚が送られてきただけだったので、品物を特定して返却するよう、内容証明付きの手紙を弁護士に書いてもらって送りました。すると、林から〝自分を盗人扱いする。名誉棄損で訴える〟という手紙がきました。弁護士に相談すると、〝彼は盗んだ品を持っているので法廷には出てこられません。その品を使うことはできません〟と言われました。

林が亡くなった現在、令和二年になっても盗まれた写真は私のもとには戻らず、私に承諾もなしに左翼活動家たちに無断使用されてきました。『朝鮮人従軍慰安婦』（鈴木裕子・岩波ブックレット）、『従軍慰安婦　元兵士たちの証言』（西野留美子／明石書店）、『アエラ』などで写真が無断使用されたので、『アエラ』編集部に抗議すると「日本の戦後責任をハッキリさせる会」代表の臼杵《うすき》敬子氏が、私が完成させた百冊の父の写真集の一つを新聞社に提供してお金をもらっていたこともわかりました。

ヒックスの『性の奴隷　従軍慰安婦』（三一書房）は九六年一月のクマラスワミ報告が国連人権委員会に出した時の証拠とした本ですが、七カ所で父のことが書かれていて、上海の慰安所の設立者にされ、写真は韓国の新聞社提供とされて父の写真が使われていました」

なぜ麻生氏が『戦線女人考』をまとめようとしたのかと問うと、天児氏は次のように述べた。

「千田夏光さんが父を取材して書いた小説『従軍慰安婦』が事実を述べた資料と誤解され、九〇年代に本を出した人たちがマゴ引きして誤りを拡大しました。

千田さんの本が日本で最初に従軍慰安婦を書いたものでしたが、私は最初から父に『千田さんの小説が広まったら大変な誤解を生むことになるので、お父さんが本当のことを書いて発表したらどうですか？』と背中を押していたのです。

戦時下における性の管理は性病対策を含め女性や兵士たちの感染を防ぐためにも大事なことで、父はそういった観点から記録を残していたのですが、キャプションはプロパガンダを拡散したい人々によって恣意的につけられ、写真が利用されてきたのです。

林さんはウチのみならず他からも写真を盗んでいて、盗まれた人から出版社に抗議がきていたようです」

ちなみに林氏が盗んだ慰安婦の写真は現在、韓国国家記録院でもデジタル化され、私が見学したソウルの「戦争と女性の人権博物館」や元慰安婦たちが暮らす施設「ナムヌの家」に併設された史料館などでも無断で使用されていた。

林氏の著作を巡っては、〝キャプションや描写がインチキ〟などと批判も多い。

例えば、林氏と武富登巳男氏が聞き取り、編集した『異郷の炭鉱　三井山野鉱強制労働の記録』（海鳥社）に関して、元三井山野炭鉱勤務者の佐井洋一氏と跡部義夫氏がこの記録の「嘘や捏造《ねつぞう》、誤聞、伝聞を排す」と題した手記を残し、九州大学の三輪宗弘教授が解説を入れている資料がある。

林氏などの著作によって、炭鉱といえば暗く汚く奴隷のように働かされているイメージが世間に定着してしまったことについて、両氏の手記にはこうある。

《私たちのように大炭鉱（三井山野炭鉱）で働いてきた者は「炭鉱ほど生活が楽で、人情がこまやかで、各地域からの寄り集まりなどで、開放感があり、差別意識がなく教育程度も地域社会では一段も二段も上だった」と誇りに思っているのに、マスコミの誤った報道のために、一般社会は「炭鉱」といえば「暗い、危ない、汚い、強制労働、暴力、貧乏、教育程度の低い……」そんなところとしか思っておりません。私たちはそのような報道がなされ、マイナス面のみを強調した本が出版されるごとに、本当の炭鉱の実態との落差に歯がゆい思いをしました》

反日国家の異常なロビー活動

ＮＨＫ番組の検証に戻ろう。

ナレーション　動員の歴史の伝え方に変化が起きたのは世界遺産の登録が背景にあった。

登録されたのは、軍艦島の他、三池炭鉱など九州を中心に、十三の資産からなる明治日本の産業革命遺産。政府は遺産の時代設定を幕末～一九一〇年としてユネスコに申請、その期間、労務動員は行われていない。

当時、政権中枢で登録を推し進めた、文科官僚の木曽功氏が、遺産の時代設定について番組内で次のように語っている。

木曽　日本側のスタンスは、一貫して幕末・明治の時代の世界遺産を日本として保存することが、世界的に意味がある（としている）。太平洋戦争の間に起きた徴用工の問題とは、直接関係がない。

ナレーション　一方、韓国は悲しい歴史を美化していると登録に反対。当時、世界遺産委員会の議長国であったドイツに協力を呼び掛けるなど、働きかけを強めていた。

日韓の対立を仲裁したユネスコ。登録を承認したが、その決議文では、歴史全体（full history）を理解できる対応を取るよう日本に勧告した。ユネスコは世界遺産を通して、負の側面も含めた歴史全体を継承することを尊重してきた。

ＮＨＫは画面に英文で書かれた決議文を映し出し、〝full history（歴史全体）〟の部分を目立つようにマーキングしてアップしているのだが、そもそも韓国のロビー活動自体が異常で、欺瞞《ぎまん》があったことには何も触れていない。

加藤氏はこう言う。

「ユネスコ世界遺産委員国の大使たちも常軌を逸した執拗な韓国ロビーには辟易《へきえき》していました。ボン（ドイツ）で韓国政府並びに市民団体が配布した資料には『目覚めよユネスコ、目覚めよ人類！』と書かれた資料、『盗まれた国、拉致された人々』として軍艦島が表紙になった資料、『人類は良心の呵責《かしゃく》に耐えられるのか』といったものがありましたが、パンフレットで使用されている写真や中身も怪しい。

あとで聞き取り調査をしたら、軍艦島の島民たちが語る第二次大戦中の事業現場や暮らしの様子とはかけ離れていました。

民族問題研究所の招待でボンの世界遺産委員会の会場そばのホテルで開催されたシ

ンポジウムで、強制動員真相究明ネットワークの矢野秀喜氏が行ったプレゼン『軍艦島は監獄島・地獄島』は強烈で、参加者の心象に大きな影響を与えました。

登録後、地元の南ドイツ新聞には『(中国や韓国の強制労働者)千人以上がこの島で死んだ。死体は廃坑か海に投げ捨てられた』という根も葉もない話が記事になっていました」

NHKの主張は、こういった韓国の日本を貶《おとし》めるだけのプロパガンダをもとに〝負の側面も含めたフル・ヒストリー(歴史全体)を継承しろ〟と、さりげなく番組で主張するのだから開いた口がふさがらない。

加藤氏は続ける。

「外務省は闘わずして負けたのです。ベトナム、インド、カタール、また、アフリカやセルビアなど多くが日本の味方だったにもかかわらず……」

——なぜ、そんなバカげたことが起こってしまったのですか?

「私が聞きたいぐらいです」

NHKの恣意的編集に怒る証言者

ナレーション　加藤さんが特に力を入れたのは、軍艦島の元島民七十人への聞き取り。その結果は朝鮮半島出身者への差別や虐待を見聞きした島民はいない、というものであった。政府は世界遺産委員会における勧告を誠実に履行しているとしている。

センターの展示についてユネスコへ報告する準備を進めているという。センターの展示に共鳴し、差別や虐待はなかったと声を上げ始めた元島民たちがいる。石川東さん。元島民の証言を集めるなどセンターの運営に協力してきた。軍艦島の炭鉱で働く父親を持つ石川さんは高校時代まで島で過ごした。

石川（東）　職場対抗（運動会）と地区対抗（運動会）が一番賑わう。

取材班　盛り上がりました？　運動会は。

石川　すごい！　すごい！

ナレーション　きっかけの一つは三年前、戦時中の軍艦島を舞台にした韓国の劇映画の公開、朝鮮半島出身者が極度に虐《しいた》げられ、地獄島と呼ばれるなど元島民たちの反発を招いた。この映画に対し、石川さんたちは、島民有志で抗議活動を展開。

元島民　本当、ケンカしてでも言いたいですよ。そんな悪い人はおらんやったですよ。

ナレーション　センターと連携しながら、差別や虐待はなかったという声をネット上で発信している。

石川　守らんといかんもんは守らんといかんでしょう。親たちが働いた場所だから。

取材班　故郷に負の記憶が伝えられるのは嫌ですか？

石川　それは、はっきり出てくれれば嫌と思いますよね。しかし、僕らは「なかった」と信じてますから。

放送された映像を見て、石川氏はすぐにＮＨＫのディレクターに抗議の電話をかけた。ＮＨＫ側からは「すみませんでした」の一言しかなかったという。なぜ、ＮＨＫに怒ったのか石川氏に聞いてみた。

「問題は番組の私の部分で最後に使われた私のセリフです。これだけ聞くと、〝端島に負の歴史はあったであろうが、元島民としてそういった『負の歴史』がなかったと信じたい〟といった印象操作で終わっていることです。その後も大事なことを話しているのですが、ＮＨＫはそれをカットしてしまった。ＮＨＫは三時間半も私に取材しておいて、今になって思えば最後の発言を引き出すために粘ったのではないかと思わざるを得ません。

第一、最初の取材申し込みは〝産業遺産情報センターにいかに負の歴史を展示させるか〟といったＮＨＫの思惑とは逆の番組制作だと思ったから私も取材に応じたわけです。いくら韓国のマスコミが吠えても、まさか公共放送のＮＨＫがあちらサイドに立って番組制作するなど思いませんから。ＮＨＫは本当にひどいですね」

冒頭でも少し触れたが、ＮＨＫは二〇〇九年にも「ＪＡＰＡＮデビュー」という偏向報道を行っている。

これは日本と台湾が戦争などしていないにもかかわらず「日台戦争」などという造語を使用し、あからさまな日台分断工作を目論んだ番組で、一万人以上の国民がNHK集団訴訟に加わった。東京高等裁判所はNHKに台湾の原告女性一名に対して百万円の損害賠償を命じる判決を言いわたしたが、残念ながら最高裁で逆転敗訴となった。

この裁判について、NHK関係者は内密に筆者にこんな指摘をしてくれた。

「NHKは、最高裁はこちらの味方だ！　と驕《おご》りきっています。ですから上告するのです。裁判官は『マスコミの味方をしなかった、けしからん』という世論の批判にビビってあのような不自然な判決を下したのでしょう。この構造を覆すためには日本人が個々で覚醒し、まともな世論を形成しなければなりません」

最後にもう一つ。

私はNHK福岡放送局に「実感ドドド！」の番組内容について取材を申し込んだのだが、二〇二〇年十一月九日、以下の回答がきた。

「実感ドドド！『追憶の島　ゆれる歴史継承』の番組担当者へのインタビュー取材依頼書を番組宛てにご連絡いただきましたが、広報からお返事いたします。個別の担当者のインタビュー取材はお受けしておりません。ご了承ください」

この答えが公共放送であるNHKの〝良識〟なのだろうか。

かつては朝日や日経、そしてNHKなど、裁判においては、大手メディア側が常に勝利を収めてきた。ところが、先の元朝日記者の「私は捏造記者ではない」として櫻井よしこさんなどを訴えた植村隆氏の最高裁判決の敗訴を見るように、メディアの権威は失墜しつつある。NHKも胡坐《あぐら》をかいて偏向・捏造番組をつくり続けたら、いつか痛い目にあうのではないか。今回の番組を検証しながら、強くそう思った。

加藤康子氏は、このあとも『W・i・L・L』（二〇二一年一月号）などで、NHKの捏造報道の非を鋭く追及している（「軍艦島　戦時〝徴用工〟問題歪曲《わいきょく》報道　NHKは平気でウソをつく」有馬哲夫氏との対談）。本書と共に併読していただきたい。

第二部

「歴史を鏡に」は習近平・文在寅に捧げる言葉でしょ!

第一章　「河野談話」を金科玉条にして悪用する「反日集団」

ちゃぶ台返しの判決

韓国のソウル中央地裁は二〇二一年一月八日、旧日本軍のいわゆる「慰安婦被害者」が日本政府を相手取って起こした訴訟で、原告一人当たり一億ウォン（約九百五十万円）の賠償金支払いを命じる判決を下した。

提訴した元慰安婦十二名のうち六名には、日本政府が資金を拠出した財団から、すでに一億ウォン（遺族には二千万ウォン）が支給されており、今回、さらにカネを上乗せするのなら二重取りになるし、さらに財団にはまだ五億ウォンのカネが残されているという。

日本政府は、「主権免除」（国家の行為は他国の裁判所で裁かれない）の原則から、裁判に参加せず、「訴訟は却下されるべきだ」というスタンスを保ってきた。だが、案の定、韓国には国際社会におけるルールといったものは一切通用しなかったということだ。

大半の日本人も国際社会も「ハテ？　一体、二〇一五年に締結された日韓慰安婦合意はどうなったのか？　あの合意で最終的かつ不可逆的に、この問題は解決されたのに、なぜかくもゾンビのごとく蘇《よみがえ》るのか？」と疑問に思っているだろう。

しかも慰安婦を政争の具にしていた正義連（旧・韓国挺身隊問題対策協議会）の元トップで「共に民主党」の国会議員、尹美香《ユンミヒャン》氏は、二〇二〇年五月七日、元慰安婦と称する李容洙《イヨンス》氏から「自分は挺対協に利用された」と激しく糾弾された。寄付金のごく少額しか慰安婦らに渡していなかったことなど、様々な悪事や隠蔽《いんぺい》工作が発覚。同年九月十四日、ソウル西部地検により詐欺・準詐欺・業務上横領などの八つの容疑で在宅起訴されている。

にもかかわらず、尹氏はソウル中央地裁の日本へ賠償を求めた判決に関し、「一日も早く正義に反せず、正しく問題解決できるよう望む」と、ふてぶてしく述べたのだから開いた口がふさがらない。しかも返す刀で尹氏は「李容洙氏は慰安婦ではなかった」と暴露。李容洙氏といえば、トランプ前米大統領が訪韓した際に、レセプションでトランプ氏に抱きついたり、米議会の公聴会で泣きながら日本を糾弾するパフォーマンスを行ったり、マイク・ホンダ元議員と凱旋《がいせん》パレードしたりするなど、慰安婦の広告塔のような存在だった。

一連の不祥事にさすがの韓国人も呆れ返り、国史教科書研究所のキン・ビョンホン所長が韓国慰安婦問題関係者（正義連・女性家族部と、それに同調する学者、政治家、活動家）をすべて告発、「日本軍慰安婦問題は可哀そうな経歴を持った老人を前に立たせて国民を、いや世界中を騙《だま》した国際詐欺劇」だとネット番組で述べている。

文科省の奇妙な答弁

こんな流れの中で、最も不可解な印象を受けるのが日本の文科省の奇妙な答弁だ。

《教科書に「従軍慰安婦」再び　河野談話　なお論拠》

《4月から使われる中学校歴史教科書で久々に登場した「従軍慰安婦」の記述をめぐり、再び使用の是非が議論となっている。「新しい歴史教科書をつくる会」などは28日、「使用は日本政府の立場と異なる」として、先月に続き教科書会社に記述削除を勧告するよう文部科学省に要請した。同省は応じない構えで、〝不問〟とされる背景には同記述が登場する平成5年の河野洋平官房長官談話があり、今も教科書検定に暗い影を落としている。

（略）つくる会側は河野談話が閣議決定を経ていないことから、強制連行を否定する平成19年の閣議決定済みの政府答弁書などと比べ、文科省の検定基準が教科書の記述に求める「閣議決定などで示された政府の統一的な見解」として弱い点を指摘する。

しかし、河野談話をめぐっては「強制連行説」が否定された後も、「広義の強制性（はあった）」とする解釈のもと、現在に至るまで見直されていない。さらに「見直すことや新たな談話を発表することは考えていない」とする答弁書が閣議決定されているため、文科省側は河野談話に閣議決定と同等の効力があるとの見方を示している》（産経新聞／二〇二一年一月二十九日付)。

早い話が、史実にそぐわない〝河野談話〟なるものが、日本のみならずいまだに世界を「従軍慰安婦」問題なる虚構に陥らせる装置として機能しているのだ。

河野談話とは、一九九三年八月四日、当時の内閣官房長官、河野洋平氏が発表した談話で、いわゆる慰安婦問題に関して日本軍の関与を認め、「おわびと反省」を表明している。談話には「日本軍による強制連行」とは書かれていないものの、問題なのは、河野氏が談話発表後の記者会見で、〝強制連行の事実があったという認識なのか？〟と記者から質問され、「そういう事実があったと。結構です」と答えてしまったことだ。

これ以降、日本は〝アジアの女性二十万人を強制連行して慰安婦にした〟という虚偽が、日韓の反日活動家たちによって世界中に喧伝《けんでん》され、いまだにそのプロパガンダは拡大し続けている。

河野談話の欺瞞《ぎまん》に関し、第一次安倍内閣は二〇〇七年三月、「政府が発見した資料の中には、軍や官憲によるいわゆる強制連行を直接示すような記述は見当たらなかった」とする政府答弁書を閣議決定している。また、これに関連して産経新聞が入念な取材を重ね、河野談話作成にあたって、韓国と事前のすり合わせがあったことや、慰安婦証言調査の杜撰《ずさん》さをスクープし、国内で河野談話見直しの声が高まった。

二〇一四年六月、日本政府も「河野談話の作成過程の検証報告書」を発表している。そこには「一連の調査を通じて得られた認識は、いわゆる『強制連行』は確認できないというものであった」とある。

また、当時の事務方トップ、石原信雄官房副長官も「慰安婦全体について『強制性』があったとは絶対に言えない」と発言している。同年七月、次世代の党の山田宏暫定幹事長（現在、自民党参議院議員）が衆院予算委員会で、河野氏に「河野談話」について国会で説明するよう呼びかけているが、河野氏はそれにも応じていない。

利用され続ける河野談話

いずれにせよ、河野談話の欺瞞性は日本国内では決着がついたものの、残念ながら海外におけるプロパガンダでは反日活動家や一部の教授たちから「日本政府が正式に強制連行を認めている証拠」として利用され続けている。

二〇一九年十二月、共同通信が〝河野談話を補強する資料が発見された〟と戦前の資料を発掘したと報じたことがあった。この記事が、さらにロイター通信によって「事実である」と歪曲《わいきょく》された形で世界中に配信され、国内外で話題を呼んだ。なにしろ中東のメディア「アルジャジーラ」まで報じていた。

しかし、その資料の原文にあたってみたら、何のことはない、朝日新聞がよくやる手口、未成年の女子を売り買いする悪質な業者を取り締まっていた日本政府や軍を、例のごとく〝広義の関与〟にすりかえたものにすぎなかった（この経緯については、前著『日本を貶める――「反日謝罪男の捏造メディア」の正体』でも詳述した）。

このように史実を歪曲してまで、河野談話を存続させたい勢力が、いまだに存在することを日本人は肝に銘じておくべきだ。

河野談話の仕掛け人

ところで、「舘雅子《たちまさこ》証言」をご存じだろうか。舘氏はフリージャーナリストで、元東久留米市議会議員であり、一九九二年、ソウルで開催された「第一回アジア連帯会議」に参加した時の様子を二〇一四年に告白し、注目を集めた。

《「日本だけが悪」周到な演出…平成4年「アジア連帯会議」》

《「なぜ日本政府が、前年のソウルでの女性会議の『反日決議』とそっくりな談話を出すのか」フリージャーナリスト、舘雅子（87）は平成5年8月、慰安婦募集の強制性を認め、日本の悪行を強調した河野洋平官房長官談話が発表された際、こう戸惑ったのを覚えている。前年の女性会議とは、4年8月に開かれた「挺身隊問題アジア連帯会議」（現・「日本軍『慰安婦』問題アジア連帯会議」）のことだ。舘はこの会議が「慰安婦問題で事実にもとる日本の悪評を広める出発点になった」と振り返る。

（略）この日の午前中の会議は紛糾を極めた。各国の代表が発表に立った際のことだった。「私たちは韓国の女性と違って、優しくて従順なので日本の兵隊さんにかわいがってもらい、遠足にも一緒にいきました。だから韓国の強い姿勢とは違う」台湾代表がこう主張し、韓国側が要求する個人補償を求めない考えを表明すると、激しいヤジが飛んだ。声を荒らげて怒る人、議長席に詰め寄る人などで会場は騒然となった。続いて、インドに住むタイ人女性が「日本軍さえたたけばいいのか。インドに来た英国兵はもっと悪いことをしたのに」と泣きながら訴えると、日本語の怒鳴り声が会場に響いた。

「黙りなさい。余計なことをいうな！」

館はこのときの様子を「日本だけが悪いというストーリーを作り上げていた」と述懐する≫（産経新聞／二〇一四年六月一日付）

慰安婦問題が活動家たちによっていかにでっち上げられたか、またその会議の内容報告が河野談話を出すもとになったかが、よくわかる貴重な証言だ。

ところが、二〇一九年、改めて館証言をネット検索すると、あたかも捏造《ねつぞう》であるかのようなレッテル貼りがなされていた。例えば「館雅子の述べた嘘とデタラメ——河野談話を守る会」など。

確かに、舘証言を報じた産経新聞も後日、活動家から指摘を受け、第一回アジア連帯会議に参加した団体名称と紙面で使用した写真の誤りを訂正。

ところが、この訂正をいいことに、「日本軍『慰安婦』問題解決全国行動」などは舘証言そのものを虚偽であるかのような批判を展開した。さらにマスコミの誤報を検証するウェブサイト「GoHoo《ゴフー》」(日本報道検証機構が運営していたが、現在解散)に至っては、〝産経が訂正した箇所以外にも誤りがある可能性が高い〟との評価をつけている。つまり、舘証言を検索すれば、「産経の誤報だから舘証言も怪しい」という印象操作がなされているのだ。

勝ち誇った声で

本当に舘氏の虚言だったのか——。

私は妙な胸騒ぎを覚え、事の真偽を検証するために二〇一九年、舘氏を訪ねた。舘氏は齢九十過ぎにはとても見えず、聡明にお話しされた。

私が恐る恐る、ネット上で舘証言が否定されていることをご本人に告げると、目を丸くして「まあ！　そんなことになってたの？　ひどいわね。私の証言を虚偽だとレッテルを貼る前に、私に取材すべきでしょう。そんな人、今まで誰一人来なかったわ。百歩譲って、虚偽だとしたら一体、私はどんなメリットがあって虚偽を述べなければならなかったというのでしょう」と苦笑する。

その後、何度か舘氏を訪ね、第一回アジア連帯会議に参加したときの資料などを見せていただき、検証を進める上で、思いがけず重大なことを発見するに至った。

舘　「櫻井よしこさんとか保守系の論客たちを次々に訴えている元朝日新聞記者の植村隆氏が、以前、私が最初に第一回アジア連帯会議の内幕を暴露した時、〝アレが一番我々の陣営にとって痛手だった〟と私に言ったの。植村氏と私は朝日カルチャーセンターのマスコミ講座で一緒でした。ですからお互い、知らない間柄じゃないので、ポロリと本音を漏らしてしまったのだと思う。

その後、テレビで石原信雄官房副長官が〝活動家にあんな形で利用されるとは思わなかった〟と発言したのを偶然テレビで見かけて、〝やっぱりね〟と確信を得ることができました。石原さんがおっしゃった活動家とは、朝日新聞元記者・松井やより氏、福島瑞穂氏、キリスト教婦人矯風会《きょうふうかい》の高橋喜久恵氏、挺対協（当時）代表だった尹貞玉氏ですよ。河野談話が発表された後、松井氏が私に〝河野談話を出させるため、日本政府に丸二日間粘ったのよ〟と勝ち誇った声で電話かけてきましたからね。河野談話が史実に基づくものなら仕方ありませんが、活動家の虚偽報告がベースとなって出されたものなので、私はこのことは日韓両国のためにきちんと証言しておきたいのです」

そう言って舘氏が取り出した古いファイルには第一回アジア連帯会議に参加したときの写真や資料がドッサリと挟まれていた。まさか、その中に貴重な資料が眠っているとは思いもせずに、私はそのファイルを借りて帰宅した。

舘証言の真実

舘氏は第一回アジア連帯会議に参加した際、「台湾人慰安婦の方が〝兵隊さんとピクニックに行った時の写真〟など、嬉しそうに当時の写真を見せてくれました。今みたいに携帯があれば写メしておいたのに……残念だわ」とこぼしていた。

舘氏の証言は、ほかにも波紋を広げている。産経に掲載された次の記事に関しても、活動家は「インド在住のタイ人は参加していない」「発言内容も違う」ので記事を訂正しろと産経新聞に要求したという。

《続いて、インドに住むタイ人女性が「日本軍さえたたけばいいのか。インドに来た英国兵はもっと悪いことをしたのに」と泣きながら訴えると、日本語の怒鳴り声が会場に響いた。「黙りなさい。余計なことをいうな!」舘はこのときの様子を「日本だけが悪いというストーリーを作り上げていた」と述懐する》(産経新聞/二〇一四年六月一日付)。

ちなみに「泰緬《たいめん》鉄道(太平洋戦争中にタイとミャンマーを結んでいた鉄道)における慰安婦と奴隷労働者」と題された報告書は、「SOMKID MAHISSAYA氏」という名前の報告に基づいている。東南アジアの知人に確認したところ、「タイ人の名前だと思う」という答えが返ってきた。

報告書の中身は泰緬鉄道沿いに慰安所が建てられ、そこで日本人、韓国人、現地の女性が働いていたこと、アジアの女性は売春目的で人身売買の被害にあっていることなど、売春問題について詳しく言及している。

ちなみにこの報告書に関して、舘氏の次のようなメモ書きがあった。

「タイの女性の発言 通訳途中で何回も主催者によりさえぎられた。矯風会代表、松井やより、福島が会議中断させた」

第一回アジア連帯会議に参加した元慰安婦たちが満場一致で日本批判を行っていれば、その資料をそのまま提出すればいいだけの話で、松井氏ら三人の活動家は何も丸二日もかけて官邸にロビー活動などする必要はなかったはずだ。

なぜ、三人は史実を隠蔽し、河野談話を出させるために、必死になって官邸のロビー活動をしたのか。その謎を解く鍵が舘氏の手持ちの資料、メモ書きに残されていた。

第一回アジア連帯会議に参加した際、舘氏は各報告者の内容をメモ書きしていたのだ。その中に「福島瑞穂9時12分〜22分」という興味深いものがある(一部判読不明な箇所は四角にしてある)。

「41名(うち9名韓国従軍慰安婦)

一律2千万円を要求。□□□□　裁判の行方を見守る。□要裁判——公開討論の場。

次回9/14が日本政府の書面出現　人道における罪。根拠法令なし(日韓条約で解決ずみ)ドイツ8兆円保証。アメリカ主張して解決。ボス交(両軍の)つかみ金で中途半端な解決される危険性。裁判何のためやったのか分らなくなる。

広島・長崎——被害者から加害者の観点へアジアでどういう戦争したか　運動は半年が勝負」

福島氏は当時まだ議員ではなく、一九九一年十二月、慰安婦と称する金学順氏らが日本政府を相手取って起こした裁判の弁護を高木健一弁護士と一緒に担当していた。この時のスピーチは金氏たちの裁判のことを指していると思われる。

それにしても約三十年前に書かれたメモを見て、やるせない思いをしているのは私だけではあるまい。そもそも慰安婦問題は〝日韓条約で解決済み〟の問題であったことは福島氏自身もよくわかっていたはずだ。

彼女は金学順氏ら六人の代理人でもあった。ここは私の想像になるが、訴訟に不都合な慰安婦の証言は、会場のスピーカーの音量を下げて、〝黙れ〟と騒ぎたて、彼女らの言葉をさえぎったのではなかろうか。

慰安婦裁判は東京裁判の焼き直しとも言える。東京裁判でも米国のブレイクニー弁護士が「この裁判は違法であるので即刻閉じよ。なぜなら……」と発言したとたん、スピーカーの音量が落とされ、彼のスピーチの内容を日本人が知ることができたのは、実に二十五年後のことであった。

そういう意味では、東京裁判のようなリンチを、日本はいまだに慰安婦裁判でやられ続けているといっても過言ではない。

普通に考えれば、過酷な人生を生き抜いてきた老いた女性の気持ちに少しでも寄り添うことができるのなら、彼女たちをそっと見守り、必要とあらば生活費をカンパしたり、気持ちが明るくなるような言葉をかけてあげるのがベストだということくらい誰しもわかることだ。

活動家たちは慰安婦を政治利用するため、人権活動家の仮面を被《かぶ》り続けてきたのではなかろうか。その姿勢にこそ慰安婦問題の本質が集約されているように思う。

政治利用するために、国際舞台に引きずり出して、日本のみならず米国、オーストラリア、欧州まで連れまわして彼女たちを広告塔として使い、その支援金の大半を自分たちのポケットに入れてきた活動家たちの罪は重い。

大きな禍根

舘氏が河野談話のもとになったと指摘する、内閣外政審議室に提出された「第一回アジア連帯会議・決議案」には「従軍慰安婦問題に対する真相究明、賠償、補償など、日本の責任ある戦後処理を要求している」とある。つまり、初めから補償ありきの前提でロビー活動がなされていたため、顧客や売春宿経営者は日本人のみならず、台湾人まで含まれていたことなどは封印されていたと思われる。台湾人慰安婦は「日本軍を恨んではいない」と証言していることなども不都合なものであったことがわかる。故に活動家たちは慰安婦の最初の声を封印したのであろう。

同決議案には「従軍慰安婦問題は天皇制ファシズム・日本軍国主義の組織的な強制連行、強姦、拷問、虐殺など前代未聞の残忍な犯罪行為である」とある。

この一文は二〇〇七年七月三十日（第一次安倍内閣）、米国下院を通過した百二十一号決議、いわゆる慰安婦決議《日本政府による強制的な軍隊売春制度「慰安婦」は、「集団強姦」や「強制流産」「恥辱」「身体切断」「死亡」「自殺を招いた性的暴行」など、残虐性と規模において前例のない二十世紀最大規模の人身売買の一つであり、日本は公式に認めて謝罪し、歴史的な責任を負い、現世代と未来世代を対象に残酷な犯罪について教育をしなければならない》にそっくりで、決議案の草稿を誰が書いたのか容易に想像がつく。

先述したが、舘氏が「のちに石原官房副長官が慰安婦問題でテレビ出演されていた際、最後に〝あれが活動家に、このように政治利用されるとは思ってもみなかった〟とつぶやかれたのを偶然観たのですが、ああ、四人の女性のことを指しているのだなとピンときました」とおっしゃっていたことに留意したい。

そもそも慰安婦問題の原点は、韓国が国策で外貨稼ぎをしていたキーセン観光に端を発する。舘氏と一緒に第一回アジア連帯会議に参加し、慰安婦問題の火付け役を担った日本キリスト教婦人矯風会の高橋喜久恵氏はこう述べている。

「〝日本男性は経済的優越をかさにきて、自らの欲望を満足させるために、韓国女性を性の奴隷としている〟という韓国教会女性連合のアピールが出されたのは一九七三年七月のことだった。それから私たちの運動が始まったのである」

《韓国は貿易収支の赤字を、さきにはベトナム特需＝青年の生命で補い、いまは若い女性の肉体であがなっているといわれる。ベトナム特需は一億五千万ドル、いま観光収入は二億七千万ドルといわれるから前者を上廻る収入源である》(『売買春問題にとりくむ』明石書店)と憤り、韓国の教会女性連合会と連携して、羽田やソウルの空港で「キーセン観光反対」のビラまきなどを行っていたという。

その後、済州島で挺対協の初代代表は尹貞玉氏と出会い、一九九〇年十二月、矯風会が尹貞玉氏を日本に招聘し、協力関係を構築したといわれている。

また、同書には《韓国でいち早くとりくんできた尹貞玉挺身隊問題対策協議会代表によれば「いまさら恥辱を表面化するな、そっとしておけ」の意見がこれまでつよく、とりくみが遅れた原因の一つであるとのことである》とあるし、挺対協後任の尹美香氏も九二年のアジア連帯会議において《挺対協は日本政府への要求だけでなく韓国政府にもアプローチしているが、挺身隊問題解決のための政府の立場も解決意志も全然あらわさないで、以前として日本の顔色だけを窺《うかが》っている》と韓国政府を批判している。

国策で売春を推奨していた韓国政府も、またキーセンを買っていた日本人関係者にとってもバツが悪いことであったのは確かだ。だからといって、この部分である意味、日韓共犯関係にあったとしても、史実に基づかない外交上の妥協文書は後に大きな禍《か》根《こん》を残すことになるのだが、残念ながら河野談話作成に携わった外交官に反省の色は見られない。

谷野氏の驚くべき発言

河野談話の文書を作成したのは、河野・村山談話の作成作業に携わった谷野作太郎外政審議室長だ。谷野氏は日中友好会館顧問もしており、『週刊ダイヤモンド』(二〇一五年八月十三日)で、《「村山談話」を書いた元官僚・谷野作太郎氏、その誕生秘話と意義を明かす》と題し、驚くべき証言をしている。

《歴史をどう解釈するか。そこには色々な見方があってよい。しかし、近年、国内の一部の風潮として「日本の名誉を取り戻す」として否定しがたい「歴史」を否定したり、これに正面から向き合わず「慰安婦など、皆、カネ目当てだった」「南京事件などでっち上げ！」などと開き直ったりする。近現代史について史料を渉猟《しょうりょう》しようとすると、

「自虐史観だ。怪しからぬ。止めておけ」とも。

このような発言が、国際社会から見れば、実は「日本人の名誉」を最も深いところで傷つける結果となっているということを、分かってほしいと思います。この点で今、気になっていることに例のヘイトスピーチの件があります。京都における特定の案件については最高裁で中止と損害賠償の判決が出たようですが、他の場所ではまだ続いているらしい。あそこで叫ばれている野卑《やひ》な言葉の数々、とても活字にできるようなものではない。あれは言論の自由を越えた言論の暴力です》

ヘイトスピーチ云々については、フェアな歴史検証を試みる日本人に対するレッテル貼りでしかない。そういったこともわからない人物が外政審議室長だったというのだから、戦後日本が情報戦に惨敗してきたことも頷《うなず》ける。谷野氏は村山・河野談話を書いたことを肯定しているのだ。にもかかわらず、こう開き直っている。

《私は、「謝罪」はもういいと思っています。日本は中国や韓国に対し、高いレベルで何回も謝罪してきた。私は現役時代、何回もその場に居合わせました。韓国の高官は、今度の安倍談話に謝罪の言葉がないと許さないと言っているようですが、九一年の宮沢総理の韓国国会での演説、あるいは、小渕恵三総理と金大中大統領との共同宣言（九八年十月）を読んでほしい》

《いつまでも謝り続ける、これは日本国民を卑屈にしかねません。また、日本国内の反発も相当なものでしょう。韓国の政権がかわる度に「謝罪」を強要されるのかと。そんなことをくり返していては、いつまでたっても「歴史」を克服して前へ進めません。来る「談話」で安倍総理は、謝罪の部分も含めて村山談話を、そのまま受け入れるとした上で、これからの日本について、お考えを存分にお述べになったらよいと思います》

外務省の重鎮が、唯々諾々《いいだくだく》と東京裁判史観を受け入れ、事実検証をすっ飛ばして謝罪案件をつくっておきながら、謝罪はもう必要ないなどと矛盾した言動をとっていることが、ますます国内外において情報を混乱させた一因となってしまったのだ。

火のないところに煙を立たせるために

舘さんが「のちに石原官房副長官が慰安婦問題でテレビ出演されていた際、最後に、『あれが活動家にこのように政治利用されるとは思ってもみなかった』とつぶやかれたのを偶然観たのですが、ああ、四人の女性のことを指しているのだなとピンときました」とおっしゃっていたが、舘さんの証言を裏付ける石原信雄さんの回顧録を紹介しておきたい。

「日本の前途と歴史教育を考える若手議員の会」で、河野談話に至る背景をこう語っていた。

「『平成3年12月、元従軍慰安婦による提訴』の時期に『この運動と並行する形で、国会におきましては当時の社会党所属の議員さん、あるいは共産党所属の議員さんなどを中心に、この問題について政府の速やかな調査と対応を求める質問、意見が相次ぎました。そしてこの動きは日を追ってエスカレートしてまいりまして、平成3年の12月から平成4年の頃になりますと、連日のように元従軍慰安婦と称する方を中心に、その支援団体、支援団体というのは韓国の出身の方もおりましたし、日本国内の特に革新系の方々、弁護士さん、こういった方々がつきまして、連日のように政府に対して、速やかな調査の実施と謝罪要求、並びに損害賠償を実行せよという要請行動が行われました。

これは国会でも要請行動があったようですけれども、政府のサイドでいいますと、厚生省とか、労働省とかにも行きましたが、主として内外の外政審議室が窓口になりましたので、外政審議室に対して要請行動が連日のように繰り返されました。

正直言いまして、このピークのときには通常の業務ができないくらいの状況でありました。しかも、その要請行動には常にバッジをつけた議員さんが同行しておられました。特に婦人の議員さん方がついておられましたので、政府としてもいわゆる強制排除のようなことは全くできませんで、通常の執務にも支障を来すといったような状況にあったわけであります」

火のないところに煙を立たせるために、いかに活動家と一部の議員が、常軌を逸したロビー活動をしていたことが一目瞭然だ。なおかつ当時は朝日新聞が援護射撃をしていたのだから、話にならないえげつなさだ。

ともあれ、河野談話はもう一度、館証言をもとに再検証すべきではなかろうか。

史実に向き合うべき

韓国が猛烈に反応した論文が二〇二一年一月に発表された。米ハーバード大のJ・マーク・ラムザイヤー教授が学術論文《世界に広まる「慰安婦＝性奴隷」説を否定　リスクの代償に高報酬を得ていた慰安婦》を発表したのだ。この事実は、二〇二一年一月二十八日付産経新聞で大きく報じられた。彼の主張の最後の大事な部分を紹介したい。

《海外の戦地に慰安所を設けるに際し、日本政府は政治的リスクがあることを認識していた。日本国内の改革論者が数十年にわたり売春禁止を訴えているなか、純朴な若い女性たちが悪徳業者に騙されて働かされるという事態は、是が非でも避けねばならなかった。

内務省はすでに売春婦として働いている女性のみ慰安婦として雇うことを募集業者に求め、所轄警察には、女性が自らの意思で応募していることを本人に直接確認するとともに、契約満了後ただちに帰国するよう女性たちに伝えることを指示した。

ただし、朝鮮には日本とは異なる固有の問題があった。それは専門の労働者募集業者が大量に存在し、欺瞞的行為を用いていたことである。売春婦だけでなく工員も募集の対象となっていたけれども、当時の新聞で報道された募集における不正は、女性を騙して海外の売春宿に送り込むなど、性産業に関するものだった。

日本の本国政府や朝鮮総督府が女性に売春を強制したのではないし、日本軍が不正な募集業者に協力したのでもない。業者がもっぱら慰安婦募集を行っていたのですらない。問題は、数十年にわたり女性を売春宿で働くようたぶらかしてきた朝鮮内の募集業者にあった》(『インターナショナル・レビュー・オブ・ロー・アンド・エコノミクス』

誌65巻）

よくぞ慰安婦問題の急所をついた論文だと膝を叩いた読者も多いかと思う。

しかし、韓国側からすぐさま教授を糾弾する動きが起きた。

《米ハーバード大の韓国系学生が最近、慰安婦について「性的奴隷ではなく売春婦」と主張した教授を糾弾する声明を出した。ハーバード大ロースクール韓人学生会（ＫＡＨＬ＝Korean Association of Harvard Law School）は４日（現地時間）、声明を出し、「人権侵害と戦争犯罪を意図的に削除することを強く糾弾する」と明らかにした。

学生は声明で「ラムザイヤー教授の主張は不正確であり、事実を糊塗《こと》するものだ」とし「彼は説得力がある証拠もなく、どの政府も女性に売春を強制していないと主張している。ラムザイヤー教授は韓国の観点と学界の著作にほとんど言及していない」と指摘した。また、国連や国際アムネスティなど国際機関の幅広い学問資料も無視したと強調した》（中央日報／二〇二一年二月六日）

ハーバードの学生ともなれば、韓国内ではほぼ不可能な歴史認識に関する学術的な研究に取り組める絶好のチャンスなのだから、是非ともラムザイヤー論文の根拠に耳を傾け、史実に向き合っていただきたく思う。安易な感情論に走ってしまったらハーバードの学位も水泡に帰すこととなろう。

一部韓国の女子の人気職業は慰安婦？

二〇二一年二月二十四日、私は在日ユーチューバーのユンバンさんにコンタクトを取った。ちょうど憲政記念会館で「つくる会」主催の「従軍慰安婦教科書記述反対集会」で登壇する予定だったからだ。私は活動家ではないので、できるだけ登壇とかは控えているのだが、「慰安婦」の教科書記述の復活は看過できなかった。

ユンバンさんは韓国で慰安婦問題の欺瞞を追及している国史教科書研究所所長の金ビョンホン所長の動向をよくユーチューブにアップしている人だ。欺瞞を暴いたといえば『反日種族主義』の李栄薫氏も有名だが、金ビョンホン所長の活動、コメントも実に興味深い。

慰安婦については『可哀そうな老人を活動家たちが政治利用した国際詐欺』と一蹴している。ユンバンさんがこう語る。

「今日韓国ソウルの監査院前で国史教科書研究所所長の金ビョンホン所長のグループがイヨンスとキルウオンオク二人の自称慰安婦の補助金支給関連で女性家族部に対する監査請求記者会見を開いています。この二人は慰安婦ではなかった可能性又は慰安婦被害者法に該当しない可能性があります。慰安婦問題は日々進展しています。韓国内でその嘘が暴かれようとしています。慰安婦は国際詐欺劇だと韓国の内部から叫ばれています」

――日本では二〇二一年四月から中学生の歴史教科書に十五年ぶりに従軍慰安婦の記述が復帰します。金さんが韓国で命がけで真相究明してくださっているのに、我が国は情けないを通りこして言葉も出ません。韓国の教科書で従軍慰安婦の事が教えられ、子供たちにどんな影響がありますか？

「日本の子供たちの将来の人気職業はユーチューバーですが、一部韓国の女子の人気職業は慰安婦です。慰安婦が悪しき日本帝国主義と闘う正義のおばあさんとして神格化され、韓国中、大中小の慰安婦像で溢れかえっています。韓国では小学生から慰安婦を教えているので、子供たちはその意味が分かっていないのでしょうけど、漠然と慰安婦にあこがれる女子が増えているそうです」

笑うことなかれ。実際に私もソウルの日本大使館前で、慰安婦と一緒に抗議活動を行っていた正義連の活動を何度か取材したことがあるが、若い女性たちがハルモニを囲んでＡＫＢのように歌ったり踊ったり、どことなくお祭り騒ぎだ。イ・ヨンスさんだって、ＬＡの街をマイク・ホンダ議員と凱旋パレードをしたり、ソウルの食事会ではトランプ元大統領に抱き着いたり、米公聴会で泣き叫ぶ証言パフォーマンスをしたり、選挙に立候補したりと、まるで芸能人並みの知名度と扱いをされている。しかも老後、一千万円近くのお金まで支給され、世間から大事にされる。

こんな理不尽な現象、世界中を見渡したって韓国しかありえないが、これが現実なのだ。慰安婦と活動家は、今はいいかもしれない。しかしあまりにもその代償は大きいだろう。鬼籍に入った、もの言えぬ日本兵を強姦魔に仕立て上げ、中には日本兵と愛をはぐくんだであろう一部の慰安婦の記憶は封印され、日韓の子供たちに不必要な対立を植え付ける。まずは、売春という職業が、精神的にも肉体的にもいかに女性を傷つけるか、そのリスクを子供たちに教えることが大人の責務だろうに……。

二月二十四日の集会で、山田宏議員（自民党）は最後にこう締めくくった。

「実は先日この件で萩生田文科大臣に電話しました。彼もこれは問題だと認識していて必ず何らかの措置を講じると述べていたので頑張りましょう」

山田氏の言葉に嘘はないと思うが、私は萩生田氏が信じられない。次の採択まで四年間も子供たちに、国際詐欺団が詐欺でなく人権問題にすり替えた教科書を与えてもいいというのか？　何のために文科大臣の椅子に座っているのか。

第二章

『馬三家からの手紙』が暴いた中国の宗教弾圧（法輪功）

中国〝習隠蔽〟による、数々のすりかえ工作

二〇二〇年初頭から、拡散の一途をたどる中国発新型コロナウイルスをめぐって世界中がてんやわんやだ。一年以上が経過した二〇二一年になってもまだおさまる気配がない。

この件に関して、去年（二〇二〇年）の初めに、第一報を聞いた時、瞬時に私の頭をよぎったことは、北京政府がこの案件をどう国内の権力闘争に利用し、人命そっちのけで共産党の存続をはかるか――その戦略を早急に見極め、日本は対策を講じなけ

れば貧乏くじを引かされかねないということだった。

案の定、こう開き直った。

「中国メディア『ウイルスごときで、全世界に謝罪の必要なし』」「（略）新型コロナは〝自然災害〟であると主張した。『中国は新型コロナという自然災害にすでに他の国々では想像もできないほどの人材と国家の財政を投入してきた』とし『そのうえ武漢の市民たちを犠牲にしてまでウイルスの拡散を防いだ』と主張した。また『韓国、日本などの政府は、新型コロナをきちんと統制できずにいる状況で、すべての責任を中国に押し付けていることは〝政略〟である』とした」（News1 wowkorea.jp／二〇二〇年三月四日）

この独善的な姿勢は、一年経過した今も同様だ。

中国が世界に謝罪しないための布石として、コロナ発信源について、あわよくばと他国へのすりかえ工作を行なってきた。それをまず振り返ってみよう。

二〇二〇年三月四日、習近平は「病原体がどこからきたのか、はっきりさせるべきだ」と檄を飛ばし、発生源の徹底調査を指示。

その布石として、ウイルス研究の第一人者とされる鍾南山《しょうなんざん》氏が「武漢で流行ったが、発生源は武漢であるとは限らない」と指摘し、発生源は他国＝アメリカをにおわすような論文なども中国のネットを検索すれば見当たることから、官民一体となった責任転嫁の〝宣伝《プロパガンダ》〟を展開した。

これに対し、米国では早速、「新型コロナ　米メディア、『武漢コロナ』と呼び起源を明確化」（産経新聞／二〇二〇年三月八日付）と対抗策を打ち出した。

アメリカがダメなら日本が発生源だとでっちあげる可能性もあるので、日本は早急にアメリカを見習って「新型コロナウイルス」ではなく「武漢ウイルス」と呼称を変えるべきだった。何しろ日本には肝心カナメの時に中国の下僕（奴隷）となって活動する〝罠《わな》にかけられた輩〟が政財界やメディアの中枢にいるのだから……。現に武漢ウイルスを七三一部隊の人体実験に結び付ける動画も中国では拡散された。

実際、このどさくさに乗じてＷＨＯ（世界保健機関）と結託した北京政府による日本を貶《おとし》める戦略は着々と進んでいた。二〇二〇年三月二日、ＷＨＯのテドロス事務局長は新型コロナウイルスを巡り「韓国、イタリア、イラン、日本での感染拡大を最も憂慮している」と述べ、日本を感染汚染大国として名指しした。

日本は他の三カ国とは衛生状態や医療体制も格段に上だ。感染人数や死者もイタリアなどとは一桁も二桁も違うにもかかわらず、無理やり日本をねじ込んだあげく、中国側も盗人猛々しいコメントをだした。

「中国は責任を担う大国として、自国で感染症への予防・抑制活動をしっかりと継続すると同時に、感染症への予防・抑制活動での国際協力を絶えず強化しつつあり、国際社会にできる限りの援助を提供している。例えば、パキスタンや日本、アフリカ連合（ＡＵ）などにＰＣＲ検査キットを提供し、多くの国と治療方法についての情報を共有し、感染症と戦うための物資を寄贈し、ボランティア専門家チームを派遣している。

これらの行動は、中国に対するあらゆる善意の支援に対して報いるためでもあるが、世界の公衆衛生安全に対する強い責任感に基づくものでもあり、さらにそれ以上に、人類運命共同体の理念を実際の行動で実現するものだ。事実は雄弁に勝る。全世界が感染症との『戦い』で、中国が退くことは一度もない」（中国国際放送局日本語版／二〇二〇年三月八日）

不衛生極まりないゴミ屋敷の主が、世界中に病原菌をまき散らしておきながら、〝世界の公衆衛生安全に対する強い責任感に基づくもの〟とは笑止千万だが、何で衛生状態や医療施設に格段の差があるパキスタンとアフリカ連合に並べて日本を入れるのか。つまり、北京の思惑とは、イランや韓国、とりわけイタリアとは一桁二桁も違う日本に検査キットを送り、日本の感染者数の公表数値を上げ、日本を汚染大国に任命することが狙いだったのではないか。

自国の感染者数や死者数なんていくらでも隠蔽したり、下方修正可能なのだから、習氏は〝習隠蔽〟と呼ばれているのではないか！

批判する国にはあらゆる嫌がらせをする

この手の陳腐な工作を促進させるため、二〇二〇年三月八日、中国はＷＨＯに二千万ドル（約二十一億円）の寄付を決めた。その理由として「新型コロナウイルス感染症の発生以来、テドロス・アダノム事務局長が率いるＷＨＯは各国の感染予防・抑制意識の強化推進、科学的かつ理性的な対応の堅持、関連国の公衆衛生システムの向上を支援する面などで重要な役割を果たしており、国際社会からの高い評価を受けています」（中国国際放送局日本語版／二〇二〇年三月八日）という。

以前から指摘されていたことだが、日本はこんなＷＨＯに二百億円もの拠出金を出している。もういい加減、国連幻想や国際機関幻想を捨て去り、決別すべきではないか。

そのＷＨＯが、武漢ウイルス拡散から一年が経過した二〇二一年一月十四日になって、ようやく現地（武漢）に調査団を派遣することになった。当初一月上旬に開始される予定だった調査は、調査チームが中国への入国を拒否されたことで遅れての現地入り。調査チームは武漢の研究機関や病院、新型ウイルスの初期のアウトブレイクとつながりのある海鮮市場の関係者の聞き取りを行うとのことだったが、所詮は党関係者の監視付きでの調査。実のある形の報告書が出される可能性はないだろう。

オーストラリアなどはもっと早い段階から、正式調査を要請していたが、中国共産党はありとあらゆる嫌がらせをオーストラリア政府に対して行なっていた。「検疫に違反する状況があった」として、二〇二〇年五月には豪州の食肉大手四社からの輸入を停止したり、オーストラリア産大麦に反ダンピング（不当廉売）関税と反補助金関税を発動したりもした。オーストラリアにとって中国は貿易額の四分の一を占める最大の「顧客」で、農産物や鉱物の主要輸出先だ。大麦は輸出の七割が中国向けだから、こういう制裁は厳しいものがある。

中国政府は、さらにオーストラリアワインに二〇〇%の輸入税を課すことを決定。これに先立ち、中国は、オーストラリアからの牛肉、石炭、大麦、魚介類、砂糖、木材の輸入を停止または削減した。オーストラリアはＷＴＯ（世界貿易機関）に不当だと訴えているが、中国共産党政権の国際ルールを無視した野蛮行為は許せないものがある。

人命軽視国家

ともあれ、中国ほど人命が軽い国はない。例えば、一九五七年十一月に毛沢東がソ連で開かれた社会主義陣営の各国首脳会議に参加した際にこのようなスピーチをしている。

「われわれは西側諸国と話し合いすることは何もない。武力をもって彼らを打ち破ればよいのだ。核戦争になっても別に構わない。世界に二十七億人がいる。半分が死んでも後の半分が残る。中国の人口は六億人だが半分が消えても、なお三億人がいる。われわれは一体何を恐れるのだろうか」と(産経新聞「石平のChina Watch」より)。

こういった中国人気質は、二十一世紀に入ったからといって、そう簡単に変わるものではない。

例えば、一九三一年から中国に滞在した米国人外交官ラルフ・タウンゼント氏は当時の様子をこう報告している。

「中でも福州でコレラが流行った夏のことは忘れられない。（略）上海の各紙は死者数を少なめに報じたが現地はこうであった。あっちの家でもこっちの家でも死者が出る。葬列が絶え間なく続く。墓堀り人夫は大繁盛。だから『報道はおかしい』とすぐわかる」

（『暗黒大陸 中国の真実』芙蓉書房より）

実際にこのコレラ騒動の時には、海外から血清が上海はじめ各地に送られたそうだが、この期におよんで一儲けしようとたくらんだ役所の役人が血清を囲い込み、大勢の中国人が死んだと書いている。

今回の騒動にしても、在日中国人女性がマスク転売で二千万円もぼろ儲けしたし、武漢赤十字会が、新型肺炎患者が最も多い武漢の指定病院・協和医院に全国から集まった物資や献金を渡していなかったことが判明。背後に金銭癒着があったと遠藤誉氏は指摘している。

こんなことで驚いてはいけない。実際に私も二〇〇〇年に入ってから上海の観光エリア、外灘《がいたん》に近いメインストリートで車道のど真ん中にうつ伏せになって倒れている男性を目撃したのだが、誰一人としてその男性を救助し、せめて車道の脇まで運ぼうとした人もいなかった。痙攣《けいれん》して吐血しようが、所持金がない患者はそのまま病院の外に放り出されるといったニュースを見聞きしていたので、コロナ騒動にまつわるおよそ世界の常識では考えられない事態は容易に想像がつくのだ。

映画『馬三家からの手紙』

話がそれてしまったが、転んでもただで起きない中国人、その生き馬の目を抜いてトップに君臨してきた共産党幹部の考えることといったら、コロナ騒動のどさくさにまぎれ、世界から非難されていたウイグル、チベット、南モンゴルにおける人権問題とそれに付随する臓器売買、香港の時代革命の隠蔽工作であろう。

香港に関して二〇二〇年二月二十八日、二〇一九年八月三十一日の大規模デモに参加したとして、アップルデイリーの創業者など、民主派の有力者三人を逮捕している。香港行政府は香港警察の予算を三千六百八十五億ドルと大規模に増額して警察の強化をはかり、それに反対した有力者を逮捕しているのだ。

国家の安全に危害を加える罪などを定めた「香港国家安全維持法（国安法）」を中国が香港に二〇二〇年六月に導入、施行し、民主化運動のリーダーだった「民主の女神」と呼ばれる周庭氏らも二〇二〇年八月に逮捕された。そのあと保釈されていたものの、十二月に収監された。

また、北京政府が職業訓練所と呼ぶウイグルの強制収容所では、百万人から三百万人が収容されているといわれ、コロナウイルス拡散中の中国で、栄養状態の悪い劣悪な環境で密室に閉じ込められた収容者たちの現状を懸念する声が高まっている。

このたび法輪功のメンバーである孫毅氏が政治犯として収容されていた馬三家労働教養所の実態を告発するドキュメント映画『馬三家からの手紙』が制作された。そこで、レオン・リー監督に取材してみた。

監督は二〇一五年の『人狩り』で米映像最高栄誉であるピーボディ賞を受賞、『馬三家からの手紙』は二〇一九年のアカデミー賞長編映画ドキュメンタリー賞の候補となった。

ともあれ、馬三家収容所は〝悪の巣窟《そうくつ》・恐怖の城〟とも言われ、中国人がその名を聞いたら身震いがするような恐ろしい収容所だ。

物語は米オレゴン州に住む女性ジェリー・キースがスーパーで購入した「中国製」ハロウィーン飾りの箱に忍び込んだSOSの手紙の紹介から始まる。それは、政治犯として捕らえられた孫毅さんが、中国の馬三家労働教養所の中で書いたものだった。その紙には、孫毅さんが収監され、拷問・洗脳される実態が事細かに記されていた。

オレゴン州の新聞で紹介された孫毅さんのメッセージはリー監督の目にとまり、三年がかりで孫毅さんを探し出し、水面下で映画作成の話にこぎつけた。監督は以前、中国の違法臓器売買の実態に迫った映画『人狩り』の制作経歴があり、中国入国はままならず、孫毅さんに撮影機材などを提供し、暗号化したサイトにアップロードするなどして画像のやりとりをしたという。二〇一八年のトロントでの上映を皮切りに、四十カ所以上の映画祭で上映され、馬三家は閉鎖に追い込まれた。

とはいえ、事実はそんな美談では終わらなかった。鉄製の二段ベッドに昼夜吊《つ》るされたまま寝かされないという惨《むご》い拷問を受け、幻覚や幻聴、正気を失っても、信仰を手放さなかった孫毅さんは釈放後も、自宅軟禁や嫌がらせを受けて、結果、最愛の妻とも離別することに。

身の安全をはかるとともに、中国共産党の非人道性を国際社会に周知させるため、二〇一六年十二月、監視の目をかいくぐりインドネシアへ亡命した。十カ月のインドネシアでの生活は職にもつけず、わずかな所持金を頼りに生活する心細いものであったが、手紙を公開してくれたオレゴン州のジェリー・キースさんが訪ねてきたり、微笑ましい人的交流も映画では描かれている。

誰もが孫毅さんの命がけの告発を重く受け止め、新天地における再出発の安泰を願わずにはいられなかった。ところが、なんと残酷なことか、二〇一七年十月に不可解な死を遂げるところで映画は終わる。

プロパガンダと暴力

――孫毅氏の死因についてどう思いますか。

「病院に入院したと聞きましたが、連絡をしたときに、私のことがわからなくなっていた。急性心不全が死因だと聞いています。中国政府に毒を盛られた可能性があります。孫毅氏の症状は毒を盛られた人の症状です。記憶喪失になっていました。死体解剖を望みましたが、すでに死体は焼かれていました」

これが真相だとしたら、北京政府はインドネシアで自国民を殺害し、インドネシアも中国に忖度《そんたく》して事件をうやむやにしたと推定されるが、金などで隠蔽工作をはかる中国の常套手段であろう。

――映画の中に馬三家の元看守が登場し、自身の残虐な行いを悔やむシーンがありますが、彼らの身の安全は大丈夫なのでしょうか。

「馬三家の看守に『この映像を使っていいですか』と確認を入れたら、看守の一人が『一生のうちで初めて真実を伝えられる』と言ったのです。だから、怖いものは何もありません」

――中国政府は映画の上映妨害などをしてきましたか。

「表立った妨害はしてきません。なぜなら中国政府が映画に対して詮索したり、止めようとした場合に、さらに映画のPRにつながると踏んでいるからです。孫毅氏が亡くなったのはなぜか、などと追及されたらマズイでしょう。ですから、中国政府は今、何も触れず、ただ独立した映画製作者がつくった映画だといって放置しているのです」

――監督の身の安全は大丈夫ですか。

「大丈夫です。ここ数年いろいろなことがありました。中国のウェブサイトでは裏切り者であるという記事が出ました。中国で『裏切り者』と言われたら、とても重たい意味があります。コメントにも『リオン・リーが生きられる日数は限られている』とあり、かなりショックを受けました。九年前の話ですが、まだ生きています。

一人ひとり、人間が生きる日数は決まっています。意味のあることができる時間は限られています。生きられる日数が決まっているなら、一日一日を大切に生きなければならない。だから、このような映画をもっとつくるべきです。孫毅氏が直面した危険に比べたら、カナダや日本で直面している危険など大したことではありません」

――監督は現在、ウイグルで起こっている悲劇をご存じですか。

「家族が収容所に何人か入っている人を知っています。ウイグルのアクセス方法はわかりません。ですが、この映画を見れば現状がわかります。馬三家労働教養所は模範労働教養所です。中国全土の政治犯が馬三家に送り込まれており、一番ひどい場所です。拷問の方法は違うかもしれませんが、迫害のやり方は変わらないと思います」

中国共産党は「真・善・忍」を恐れる

――中国政府が法輪功を弾圧している一番の理由は。

「一つ目の理由は人数が増えたことです。一九四九年に中華人民共和国が建国されてから、系統的に中国の伝統的なものを破壊してきました。中国共産党よりも高いモラルを認めないので、キリスト教や仏教よりも中国共産党のほうが偉いとし、排斥してきました。今の中国には寺院も教会もありますが、中国共産党政権の支配下にあります。クリスマスイブを友達と一緒に家で祝うことは家庭教会ではないかと、逮捕される可能性もあります。中国共産党はプロパガンダと暴力――この二つで生存しています。法輪功の理念は『真・善・忍』です。すべての中国人が孫穀氏のように真実を言い始めたら、中国共産党にとってこれほど恐ろしいものはありません。『真・善・忍』が社会に浸透したらどうなるか。有毒ガスや新型コロナウイルスなどなくなると思います。真実を隠蔽しようとしたら、こういう結果が生まれます。

信念の自由のために孫毅氏は戦っていましたが、その目的とは真実に対して忍耐して受け入れてもらえる社会の実現だったと思います。同じ質問を孫毅氏に投げかけたことがあります。『社会が真・善・忍を受け入れなかったら、何が残るのでしょうか』――そういう答えでした」

――九九年から弾圧を始めますが、それまで中国共産党はなぜ法輪功を見過ごしていたのでしょうか。

「九二年に法輪功が導入されたのですが、みるみるうちに広がっていきました。その理由の一つは健康にいいこと、もう一つは中国社会の中に空洞があったためです。物質至上主義で精神性が欠けてしまい、人々が飢えていた。それまで中国政府は法輪功に対して寛容でした。カナダの中国大使は中国の伝統を学びたいのであれば、法輪功に学びなさいと言っていたのです。撲滅の方法は、プロパガンダと暴力です。一九九九年から七年間、プロパガンダを流してきました。天安門広場で法輪功の信者が焼身自殺した（法輪功側は捏造《ねつぞう》と反論）とか、そういう危険なイメージをつくり上げ、広げてきたので、法輪功とは何なのか、よく理解できていませんでした」

——新型コロナウイルスについてどう思いますか。

「悲劇だと思います。患者はただ死ぬしかありません。どこの病院にも受け入れてもらえず、たらい回しにされ、ただ家で死ぬのを待っている。政府発表の死亡者数は氷山の一角に過ぎません。一カ月間、情報を検閲していたのです。

どの世界でも、これだけ放っておいたら犯罪に当たります。ですが、中国の場合は責任所在がまったくなく、むしろ、武漢を封じ込める力があることを誇示、自画自賛しています。

一千万人の人口の都市を閉鎖できるだけの力があるのは、中国共産党以外にないと。五毛党（注・当局の手下となってネット空間で共産党礼賛を投稿するメンバー）はＳＮＳを通じて、中国共産党の都合のいい部分だけを切り取り、どんどん喧伝《けんでん》しています。洗脳を考える専門家のチームとして中央宣伝部が存在しています。中宣部は最初『Propaganda Department』という呼称でしたが、さすがに露骨すぎると思ったのか、『Communication Department』と名前を変えて存続しています（笑）」

——日本は南京大虐殺を始め、北京からのプロパガンダ戦略にやられっぱなしです。

「真実を伝え、認識することです。心が変われば、プロパガンダは何もすることはできません。時間はかかります。勇気もいります。でも、真実を報告する信念が大切です。物語の力を信じているので、映画をつくり続けます」

――中国は将来的にどのようになると思いますか。

「中国共産党政権は歴史から消え去りたいとは思いませんが、歴史のほうがどうするかはわかりません。独裁主義政権が今日なくなるとは思わないでしょう。ただ、時機が来たら、どうすることもできません。

私は希望を持っています。なぜなら、より多くの人々が中国で目覚めています。プロパガンダは時機を遅らせることはできるかもしれませんが、目覚めさせるのを止めることはできません。中国政府の悪い行為によって、中国国民がどんどん目覚めています。武漢では何人もの人たちが目覚めたでしょう。

中国共産党は事件が起こるたびに、悪いこと、ひどいことをしています。武漢の人たちは、死にかけて大変な状況にあることを知っているのに、プロパガンダでは『大丈夫だ』と言っているから、その違いを国民がよくわかっています。中国共産党政権が中国から消えることは間違いありません。今、どんな役割を私たちが果たせるか、それが大事です」

「歴史を鏡にすべき」は中国のほうだ

ちなみに日本政府は二〇二〇年三月五日、ようやく中国と韓国からの入国制限を設けた。

なぜ春節の移動から入国禁止の措置を取らなかったのか。経済効果を比較してもインバウンド損失より、入国制限をしないでいた時の経済損失の方が大きいことは明らかだ。

その理由を日本政府や経団連の中に巣くう親中派による北京政府への忖度《そんたく》とする指摘は多い。中国が仕掛ける「四色（赤・金・青・緑）の罠」に詳しい前述の野村旗守《はたる》氏はこう言う。

「赤はハニートラップ、金はマネー、青はサイバー戦、緑が医療（臓器など）です。日本の大物政治家とその身内も臓器移植を受けているという噂もあります」

中国の南京大虐殺記念館や、瀋陽の九・一八歴史博物館などを取材した際に発見したのだが、うやうやしく掲げられている言葉が「歴史を鏡に」だ。中国全土には二百以上の反日記念館があるが、おそらく同様のことと思う。最後に前述した米国人外交官ラルフ・タウンゼント氏の記録を紹介したい。

一九二九年のアメリカ株価暴落で、日本も不況に見舞われた際に、張学良や国民党が先導して中国大陸は反日運動の嵐が吹き荒れていたという。その時期をこう記録している。

「中国人は世界に冠たる詐欺師、ペテン師である。（略）自主独立の気概のない国の常で、問題が頻発すると、権力者は外国に責任転嫁するばかりである。〝食料を強奪する帝国主義国打倒に全力を尽くせ〟と、来る日も来る日も貼り紙をし、ビラを撒いて扇動しているのは、何を隠そう中国政府自身である。そして暴動が起ると〝当局には一切の責任ございません〃とするのを茶番と言わず何と言おうか」

「一九二七年から三一年、国民党政府は相変わらず反日運動を推進していた。日本からの借金は返す義務はないと公言したかと思うと、学校の教科書に反日プロパガンダを刷り込み、『大嫌いな日本』という歌（お前を叩きのめしてやる〈略〉一致団結　借金は踏み倒す　銀行はぶっ潰す！　打倒だ　打倒だ　お前の経済力はすでに地に落ちた）まで作り、授業で毎日歌わせた。それから一九三一年と三二年の国際会議で『中国人は昔も今もすべての国と誠心誠意お付き合いをしてきたのであります。しかるに敵は、言われなき罪をかぶせ、弱みに付けこんでいるのでございます』と訴えた」（『暗黒大陸中国の真実』より）

二十一世紀になって日本が中国に感謝できることといえば、まさに「歴史を鏡に」という貴重な教訓ではなかろうか。

第三章　マスク・ワクチン外交は「放火犯」が「消火器」を売るのと同じ

新大久保でマスク山積み

二〇二〇年初頭からの武漢ウイルスによるコロナ禍に世界中が襲われた。一年以上が経過してもその勢いは止まらない。前述したように、二〇二一年三月下旬で、一億二千万人以上の感染者が出て死者数も二百七十万を越えた。諸外国に比べて死者の少ない日本でも九千人を超えた。

幸い、一時品不足になっていたマスクも、どの薬局やスーパーでも簡単に手に入るようになった。ワクチンの接種も進み出した。だが、流行開始からさまざまな中国からのプロパガンダ工作が日本で展開されていた事実はあまり知られていない。本章では、そのあたりを一年前に遡りながら、解析していきたいと思う。

マスクが新大久保（東京・新宿区）の店で山積みになっていると聞き、二〇二〇年四月に早速訪ねてみた。新大久保は全国有数のコリアンタウンの一つであり、焼肉店や雑貨店が軒を連ねている。マスクは衣料品店だけでなく、韓流ポスター店やタピオカジュース・スタンド店の前でも販売されていた。

店員に聞くと「全部中国製です。日本製は手に入らないし、韓国製は輸出規制されています。でも中国製いいよ。安くするから買いませんか」と言われた。

なぜ中国製マスクが、新大久保や西川口《チャイナタウン》で山積みで売られているのか。ほかにもこんなニュースがあった。

《新型コロナウイルスの感染拡大で、ドラッグストアなどで入手困難な状態が続いている不織布マスクを、高めの価格で移動販売する人の姿が福岡市内で見られるようになった。背景には世界的な品薄で高騰するマスクを中国から仕入れ、従来の流通ルート以外で販売する動きがあるようだ。（略）ツイッターを中心に会員制交流サイト（SNS）上で福岡市内での「謎のマスク売り」の目撃情報が投稿され始めたのは4月下旬以降。カートや軽トラックにマスクを詰めた段ボール箱を積み込み、通行人相手に販売する姿が見られるようになった。ネット上では「違法ではないか」「転売だろう」などの声が上がっている》（西日本新聞／二〇二〇年五月一日付）

中国のマスク外交の横暴（品質の悪いマスクを各国に支援物資と称して押し付けたものの、不良品ということで返品された）は世界中でその実態が暴かれ、三月中旬頃から馬脚を現し始めた。当然ながら在庫を抱えた日本の輸入業者も中国製マスクの値崩れを予測し始め、できるだけ高値での在庫処分を考えていたはずだ。

さらに、四月一日、日本政府が全国へのマスク（いわゆるアベノマスク）の配布を発表したものだから、なおさらのことだろう。

奇妙な美談

そんな矢先、奇妙な美談が報じられた。

《中国籍の女子高生がマスク2万枚を寄付。ネット「政府より凄い」》（MAG2ニュース／四月二十七日付）と題された記事がヤフーニュースに掲載されたのだ。ところが数日後、同ページを開くと「この記事は諸事情により削除いたしました」となっていた。同じ記事を東京新聞が報じているので紹介しよう。

《西東京市に住む中国籍の高校3年の女子生徒が22日、市役所に丸山浩一市長を訪ねて2万枚のマスクを寄贈し、市職員らを驚かせた。市は市内の高齢者向け施設や保育園などで活用してもらう方針だ。

女子生徒は今月8日、ツイッターに「私たちは、日本で育った東京在住の中国籍の高校生です」と投稿。「高齢者をコロナから守ろう【募金】」というタイトルで一口500円の募金を呼び掛けた。インターネットに詳しい同級生らが協力し、画像に日本語、英語、中国語のバージョンを用意する本格的な仕様だったからか、1日で100人以上から約52万円が寄せられた。市によると、国内や中国からが多かったという。

女子生徒は西東京市内にある中国製品の輸入会社に相談。経営者は「そんな良いことなら、うちで半分支援するよ」と後押しし、中国製マスク2万枚を確保できたという。（略）市は当初、報道機関を集めて贈呈式を開く計画を立てたが、女子高生が「私一人でできた寄付ではない」と固辞し、匿名による寄付に落ち着いた》（東京新聞／二〇二〇年四月二十五日付）

レコードチャイナも《中国籍の女子高生が西東京市にマスク2万枚を寄贈　中国ネット「天使だ」》と題し、同様の記事を掲載した。

寄贈といえば、二〇二〇年三月中旬に女子中学生が、貯めていたお年玉で材料費を購入し、手づくりマスク六百十二枚を山梨県に寄贈したというニュースが流れ、不安に包まれる日本人の心に希望の灯をともしてくれた。また、女性下着メーカー・あつみファッション社が、ブラジャーを改造してマスクを作成したことも話題になっている。

全国でマスク不足解消のために、当時はさまざまな取り組みが行われており、美談も聞こえてきたのだが、削除された記事は、実に不可解な点が多かった。

中国籍女子高生のニュースが報じられたのは、日本政府がマスクを配布すると公表した七日後のこと。女子高生は純粋に善意の活動をしただけかもしれない。

だが、私がマスクの在庫を抱え込んでいる輸入業者なら、悪知恵を働かせて女子高生にクラウドファンディング（不特定多数の人が通常インターネット経由で他の人々や組織に財源の提供や協力などを行うこと）を提案し、美談にしたてたうえでの在庫処分を考えたかもしれない。そんな憶測を抱きながら西東京市の危機管理課に問い合わせると、「女子高生は受験生で取材に応じられず、マスクを提供した業社も非公表」と、情報開示を頑《かたく》なに断られた。

紙面には女子高生が寄贈したマスクの段ボールが写されているので、せめてマスクのメーカーだけでも教えてほしいと交渉すると、しぶしぶ「星宇」と教えてくれた。

この会社を調べると、中国でゴム手袋などを生産している大手の会社で、国内でも十万枚のマスクを寄付したり、ホームページには「（中国共産）党と政府の指導の下、全国のすべての企業と機関の共同の努力の下、全国の医療従事者の共通の後見の下で、そして社会全体の無私の献身と援助によって、私たちは間違いなく困難を克服できると信じています」と書かれている。

女子高生が募金を呼び掛けた時期は、マスク以外にも消毒ジェルや精製水、小麦粉、ホットケーキ粉などが通常の三倍近い値段でネットで販売されており、転売屋の横行が問題視されていた時期でもあった。女子高生の慈善事業に協力した業者は、五十二万円が懐に入ったわけだからぼろ儲けとは言えないが、在庫処分と考えると悪い話ではないかもしれない。

欠陥医療物資を横流し？

当時、中国は欧州を中心にマスク外交を積極的に展開していた。ところが、その多くは先述したように粗悪品であることが、白日の下に曝《さら》されて中共当局は大恥をかいていた。

具体的には、オランダやスペイン、トルコの当局が、中国製の医療用マスクや検査キットが使用基準を満たしていない、あるいは欠陥がある、と批判していた。

オランダの保健省は、中国製マスク六十万枚をリコールしたと発表した。品質認証を受けているものの、きちんと装着できず、フィルターも機能していないためと説明している。

スペインも数十万個の検査キットを購入したが、数日もたたないうちに六十万個近くが正常に動かないことが明らかになった。在スペイン中国領事館はツイッターで、この検査キットを販売した中国企業が中国保健当局から認可を得ていないと指摘。トルコも、中国企業に注文した検査キットに欠陥のあるものが見つかったと発表していた。

また、こんな報告もある。

ロンドンの仮設病院用に中国から二百五十台以上購入した人工呼吸器に、安全性への懸念があると、イギリスの医師会らのグループが発表した。米ＮＢＣニュースによれば、英ＮＨＳ（国民保健サービス）が運営する病院に勤務する医師らが幹部宛てに手紙を送り、「この人工呼吸器が病院で使用された場合には、患者に甚大な被害を及ぼし、最悪の場合は死亡すると警告した」という。

こういった事実を目の当たりにして、読者諸賢は、

「欧州などから中国に返品された欠陥医療物資は一体どうなっているのか？」

「ちゃんと処分されたのか？」

といった疑問を覚えるのではないだろうか。

実際に腐った食肉を転売したり、健康を害する粉ミルクやペットフードを国内外に販売するお国柄。素直に在庫処分に応じるとは思えない。

新型コロナウイルス感染拡大の影響で、当時は、検査キットやマスク、ガウンといった医療物資が世界中で不足していたのだ。そんな中、検査キットの偽物が大量に押収されたという、ショッキングな事例も報告されている。

《タイ当局は二〇二〇年四月八日、偽物の新型コロナウイルス関連商品を密輸した疑いで、中国人男性二人をバンコクの自宅で逮捕した。押収したのは四万五千個の検査キット、千二百個の赤外線体温計、そして三十五万枚のマスクと偽物づくしであった。これらの商品はバンコクやその近郊で、高値で販売されていた。その総額は三千三百七十五万バーツ（約一億千万円）に上るという。（略）偽物の検査キットの密輸が行われているのは、タイだけではない。アメリカでも同様の事案が発生した。アメリカの税関・国境取締局の発表によると、ロサンゼルス空港の検査官が三月十二日、イギリスから発送された荷物を押収し、中から白色の液体が入った大量の偽物の検査キットを発見した。「新型コロナウイルス」「ウイルス1検査キット」とラベルが貼られていたという。この荷物は、百九十六・八一ドル（約二万千円）相当の精製水入り容器と嘘の税関申告がされていたそうだ》（ＦＩＮＤＥＲＳ／二〇二〇年四月十七日付）

タイで押収された検査キットは、欧州などから返品されたものがロンダリングされていたものだったのではないか。そうだという確実な証拠は残念ながら確認できなかったが、その可能性は十分にある。武漢ウイルス禍にあって、中国人の商売根性のすさまじさが、このニュースの一端からもうかがえる。

日本が返品しないのはなぜ？

このように世界中で中国の医療物資が返品・破棄騒動を起こしているのに、不可解なのは日本の状況だ。日本から中国製の医療物資の不具合や返品申し出の声が上がったとは寡聞《かぶん》にして聞いたことがない。

さらに不気味なことに、当時は中国の医療物資が大量に日本に持ち込まれていた。『人民網日本語版』（四月三十日付）によれば、中国側は日本側にマスク千三百七万千七百四十五枚、防護服十九万五千三百五十着、防護手袋十八万五千セット、消毒液二万五千七百五十本、手術服一万着、防護用靴カバー五万セット、使い捨て医療用キャップ五万枚、防護マスク二万枚、防護ゴーグル二万個、検査機器十台、ＰＣＲ検査キット一万二千五百個を二〇二〇年四月二十八日までに寄贈していた。

こういったニュースを見て疑問に思うのは、これほど物余りの中国に対して、小池百合子都知事は、医療用の防護服三十三万六千着もなぜ提供したのだろうか。当時、感染者拡大により、東京都の医療現場では医療用品が少なく苦しんでおり、小池都知事も医療崩壊を懸念して「ステイ・ホーム」と都民に呼び掛けていたが、本末転倒も甚だしいと言えないか。その医療物資を東京都の病院に回していれば、東京都の感染拡大ももう少し早く抑え込めたかもしれないのに。二階俊博氏からの要請ともいわれており、見返りが二〇二〇年七月の都知事選挙の水面下での自民党の支持を得るためだったとしたら、その代償は大きいと言わざるを得ない。

ともかく「寄贈ではなく購入したものだ」「欠陥商品だ」と中国の〝マスク外交〟にきちんと応戦している欧米に比べ、日本の対応はあまりにも能天気すぎやしないか。

最後にこんな頭の痛いニュースを紹介しよう。

武漢と日本は、人の行き来は制限されたものの、水運と航空の両方で、直航貨物輸送ルートが続々開通しているという。積載された貨物には今必要とされるマスクなどの防疫物資のほか、越境ＥＣ（インターネット通販サイトを通じた国際的な電子商取引のこと）の貨物、日用品及び高精度設備の部品も含まれる。

　ある医療関係者はこう言う。

「ある時、国から病院にマスクが支給された。パッケージは全て中国語で書かれたものだった。正規に私たちが使用しているものとは異なり、耳にかける部分がすぐ切れるなど、不良品が目についた。国は、このようなものを医療現場に支給していて良いのだろうか。疑問に思う」

　やはり、中国製の粗悪な医療物資が日本の医療現場に〝マスク寄贈〟の美名のもとにばら撒かれ、よりによって〝武漢〟からの医療物資が国内に拡散されていたのだ。衛生上、本当に問題はないのか。

　武漢ウイルス問題はまだ終息しておらず、日本は未曽有《みぞう》の経済危機に陥っている。その最大の教訓はサプライチェーンやインバウンドをはじめ、中国依存が招いた厄災でもあったことは明白な事実だ。

当時、トランプ大統領は中国との断交の可能性も示唆し、より厳しい対中政策を打ち出した。一方、二〇二〇年五月八日、尖閣諸島周辺の領海に侵入した中国公船が日本漁船を追尾した問題で、日本政府の抗議に対し、中国外務省は十一日、「中国の領海で違法操業を行う日本漁船を発見し、追尾した」などと盗っ人猛々しい会見をしている。そのあとも尖閣への侵入は日々続けられている。

挙げ句の果てには、中国の改正海警法が成立し二〇二一年二月一日から施行されることになった。同法によると、軍事的行動や主権侵害時の武器使用も規定されている。つまり、尖閣において海保や日本漁船への武器使用も法的に可能となったわけだ。尖閣を守り抜く為に、海保と自衛隊との連携をよりスムースにすることが必要になり、そのための領域警備法の制定も必要になってくるだろう。国民の生命と財産を護るためには、対コロナのみならず対中政策を考えなくてはならない時なのだ。

しかし、マスク一枚返品できず、中国への損害賠償請求の声も上げず、領海侵犯されても〝厳重抗議〟、ウイグル虐殺も「ジェノサイド」と認定もできず、中国にとって痛くも痒くもない方策や「遺憾砲」を「パブロフの犬」のように虚しく繰り返すだけの日本政府。

かたや北京政府は、武漢肺炎で疲弊した日本の優良企業をどう買い叩くかといった試算に明け暮れているという声も聞こえてくる。コロナを克服し、二〇二〇年度の経済もわが国だけがプラス成長を達成したと自画自賛している（統計がどこまで信じられるかは疑問だが）。そんな北東アジアの現状をアメリカのみならず諸外国も〝日本は一体どうなってしまったのか？〟と、冷ややかに眺めているのではなかろうか。

「尖閣は日米安保の対象」と日米双方の国防大臣のトップが言い合ったとのことだが、頼りのアメリカもトランプ大統領がコロナ禍のため再選ならず、弱腰ではないかと見られているバイデン政権が誕生。政権発足するやいなや、報道官が「戦略的忍耐」を対中外交で唱える始末。これではお先真っ暗？

ただ、幸いにもマスクはともかくとして、粗悪品と噂されている中国ワクチンには日本政府は頼ることはなかった。英米などのワクチンを入手し、順次、国民に提供している。本来なら日本のワクチン開発が望ましいのだが、厚労省などの「規制」により、開発が遅れてしまった感がある。

とはいえ、開発途上国などは、そんな中国のワクチンに依存している。粗悪マスク同様、ないよりはマシと受容しているようだ。そして感謝もしている。だが、これは放火犯が消火器を格安無料で販売しているようなもので、感謝するのはおかしい。マッチポンプもはなはだしいというしかない。

ともあれ、「チャイナフリー」（メイドインチャイナの製品に頼らない世界）構築のために、がんばりましょう。

第三部

中国の属国と化した韓国&北朝鮮よ、さようなら

第一章

「性奴隷」を「強制使用」させる韓国・北朝鮮の謀略

やるせない憤り

慰安婦問題は二〇一四年、朝日新聞が吉田清治《よしだせいじ》氏（慰安婦を強制連行したと創作話をした人物）の証言を誤報と認め、のちの日韓合意を経て日本国内では事実上決着がついた。

ところが、日韓合意後も日韓の活動家は〝慰安婦プロパガンダ〟をやめず、二〇二一年、山川出版をはじめいくつかの教科書には従軍慰安婦の記述が復活するというのだから聞いて呆れる。一方で、「新しい歴史教科書をつくる会」の自由社の教科書が不採用となるなど、文科省は一体何をやっているのか。

韓国内では慰安婦関連団体の内ゲバが勃発《ぼっぱつ》し、様々な不正や疑惑が日々メディアを通じて暴露されている今、日本は早急に海外の慰安婦像撤去に向けて正しい情報を発信するとともに、慰安婦の記述があるような教科書の採用は見送るべきだろう。

韓国国内の内ゲバとは、第二章でも触れたが、「日本軍性奴隷制問題解決のための正義記憶連帯」（正義連）の前身「韓国挺身隊問題対策協議会（挺対協）」前代表で、韓国与党・共に民主党の尹美香《ユンミヒャン》議員を元慰安婦の李溶洙《イヨンス》氏が批判し始めたことだ。

この一連の流れの中で、尹美香氏が「『（李氏は）私は被害者ではないが、友達のことで……』と電話してきたのが、初めての接触だった」と述べている。ということは、李溶洙氏は慰安婦でなかった可能性も否定できないのだが、その大事な部分を韓国のマスコミは深く突っ込んで報道していない。

もともと慰安婦証言の信憑性《しんぴょうせい》については日韓の有識者が議論してきた。だが、これまで証言の信憑性を疑ってきた学者やジャーナリストは私も含めて、捏造《ねつぞう》・歪曲《わいきょく》といったあらゆる言いがかりをつけられて訴訟を起こされ、言論封殺されてきた経緯がある。

　また、元慰安婦がボランティアスタッフとともに共同生活を送る婦人保護施設・慰安婦史料館併設「ナヌムの家」における不正会計なども明らかになっている。挙句、正義連関係者の中から自殺者まで出る始末だ（口封じのための他殺の可能性も否定できない）。

　例えば〝正義連〟は、ここ二年間で韓国政府から約九億五千万ウォンを受け取っており、日韓合意後、二〇一六～一九年までの四年間で約四十九億二千万ウォンを集めたとか、現金で地価の三倍の価格で不動産購入したとか、不正会計にまつわるスキャンダルは枚挙にいとまがない。実際に慰安婦に使われた費用は《二〇一八年、六億三千五百六十万ウォン（約五千五百万円）の寄付金を集めたが、被害者の支援事業には約三％（しか使われていない）》（聯合ニュース／五月二十七日付）と報じられている。

　また「ナヌムの家」に対しては、元慰安婦への寄付金が入居者のために使われていないとして、寄付をした二十代の大学生ら二十三人が、施設を運営する社会福祉法人に計約五千万ウォンの返還を求めてソウル中央地裁に提訴した。

二〇一九年に寄せられた寄付金は二十五億ウォンだが、実際に元慰安婦のために使用されたのは六千四百万ウォンで、法人が六十億ウォン以上の不動産と七十億ウォンを超える現金を蓄財した疑いがあるとして職員七人が告発され所長は辞職した。

巨大な戦後補償産業

「ナヌムの家」も最初は挺対協が中心となって運営していたのだが、途中から仏教系の曹渓宗《そうけいしゅう》が運営するようになった。

私も「ナヌムの家」を取材したことがある。この施設に行くと最初に見せられるのが日本人に向けた歴史贖罪《しょくざい》洗脳ビデオだ。入場料五千ウォンを払うと、有無も言わさず大きな部屋に案内され、慰安婦史料館見学の前に日本語のビデオが流れる。そして、李玉善という元慰安婦が次のように語る。

「今、日本は慰安所なんかやってないと言っているが、それでは誰がやったのか？

私たちが日本の政府から謝罪をどうしてもらわなければいけないのか。そのことをこれから話します。（略）他のハルモニ（慰安婦）たちは恥ずかしいのであまり話しませんが。

慰安所というところは、何をするかと言えば、日本人が韓国の女性たちを連れて行って殺したんだよ！

苦労させられた十四歳の少女の心と体の傷は消すことができません。年の若いのは十一歳から十二、十三、十四、十五歳……何もできないと、それで殺した。人を殺してちゃんと葬《ほうむ》るのではなく、大通りの車の通るところに死体を捨てた。なぜ捨てたかと言うと、犬に食わせるためだった！　犬が食べると骨しか残らないでしょう。

韓国のどのような親が十年、二十年、子供を犬に食わせるために育てるでしょうか？（略）私はここまでしか見せられないけど、子供を産めないように子宮を全部取り出さなければならなかった。このようにされたから文句を言っているのであって、日本の天皇は私たちの前に来て謝罪しなくてはいけない。必ず来て謝ってほしい」

冷静に考えれば、当時の慰安所を管理していたと推定される朝鮮人業者も日本軍も、言葉は悪いが、これから商品となる十四歳の少女を殺すメリットや、犬に食わせる理由が何一つ見あたらない。

しかも当時の日本政府は、未成年の婦女子の売春は違法だとして厳格に取り締まっていたことも当時の資料などから証明済みだ。

ところが、呆れたことに「ハルモニごめんなさい」などというメッセージとともに、〝○○労働組合〟などと書かれた日本人の寄せ書き色紙などがいくつか展示されている。事務局員に尋ねると「日本の修学旅行生もたくさん来る」そうで、某有名女子高校の名前も見受けられた。

また、慰安婦グッズが順調な売り上げを伸ばしているようで、《金氏夫妻が製作した少女像は、日本大使館前など95カ所以上に設置されており、２０１１年以降、少なくとも31億ウォン（約2億７０００万円）を売り上げていると推測され、費用の多くは地域住民の寄付だ》（夕刊フジ二〇二〇年六月十日付）という。

慰安婦問題の原点となるサハリン在留韓国人問題に詳しい新井佐和子氏（『サハリン

の韓国人はなぜ帰れなかったのか』〈草思社〉の著者）は、かねがね「慰安婦問題は日韓の活動家がデッチ上げた巨大な戦後補償産業」と指摘していたが、正鵠《せいこく》を射た指摘といえよう。

置き去りにされる慰安婦の人権

韓国国内は今や、李溶洙氏の尹美香氏批判をきっかけに「従北派の文在寅政権vs.保守派」という構図で、政治もメディアも激しい内ゲバが展開されている。日本の大マスコミは、それらの応戦をまるで対岸の火事かのごとく伝えているが、肝心なことにはほとんど触れていない。

慰安婦問題の本質とは、〝北朝鮮による拉致問題との相対化〟と同時に、慰安婦問題に携わる人権の仮面をかぶった日韓の活動家たちが、国際社会の政治力学もわからない気の毒なおばあさんたちを無慈悲に政治利用し、巨額の資金を得て日本を不当に貶《おとし》め続けてきたということ。北朝鮮の関与が濃厚で、その最終的な目的は日朝国交回復の暁にはできるだけ巨額の資金（賠償金）を日本から巻き上げるため、日本人に過剰な歴史贖罪意識を植え込むことが目的だったのだ。

つまり、いわゆる慰安婦問題の本質とは、もとから無理スジとも言える政治プロパガンダだったのだ。

当時の慰安婦の約四割は日本人女性である。第二次世界大戦中における日本のみならずアジア諸国の慰安婦の大半は、哀しいかな、経済的な理由で親に売られた女性たちで、朝鮮半島や満洲では韓国人や中国人などの女衒《ぜげん》（女性を遊廓《ゆうかく》など、売春労働に斡旋することを業とした仲介業者）たちの暗躍があった。

そういった事実を全て覆い隠して拉致問題を相対化するため、一九九三年、活動家たちがゲリラ的手法で官邸にロビー活動を行い、官房長官だった河野（洋平）談話を無理やり出させた挙句、記者会見の場で河野氏は日本軍がやってもいない強制連行を認めてしまった。

そして日本・朝鮮半島・中国の反日活動家たちは、国連を舞台に同様の手口で日本を貶め続けてきたわけで、その最たるものは二〇〇七年、米下院で可決された従軍慰安婦対日非難決議案であろう。日本にとって悪夢の再来といえる。なぜなら、九〇年代に朝日新聞が執拗に展開した慰安婦問題も様々な有識者から批判検証がなされ、教科書記述も消え、〝慰安婦問題は終わった〟という空気が当時、漂っていたからだ。

アメリカ下院の外交委員会は二〇〇七年六月二十六日、「従軍慰安婦」を巡る日本非難決議案を三九対二という圧倒的大差で可決した。

内容は「日本政府は日本軍がアジア全体で二十万人に上る若い女性を誘拐・監禁して性的奴隷をしたことを認め、正式に謝罪すべき」という驚嘆すべきものだった。

世界からのレッテル貼り

過去の日本政府の調査や、日本の近代史研究者たちの成果は無視され、「二十世紀最大の人身売買」という恐ろしく歪曲された、レッテルだけが貼られていた。

その直後の世界のメディア報道も相当なものだったが、特にお隣韓国の新聞報道はすさまじいものだった。

釜山日報は「日本政府は米議会決議案が恥ずかしくないのか」と迫り、東亜日報は「慰安婦は集団強姦と強制流産、恥、身体切断と死亡、自殺をもたらした性的暴行等、残酷性の面で前例がない」と断じた。ソウル新聞は、日本の識者や政治家が連名で慰安婦問題に関する歴史的経緯をワシントンポストに意見広告したことを取り上げ、「いまだに生存している元慰安婦の生々しい証言があるにもかかわらず、このように無茶を言う（意見広告が〝慰安婦は業者によって集められ、かなりの高額の収入を得ていた〟と主張したことを指す）日本が今後、どこまで歴史を歪曲するのか恐ろしい」と論《あげつら》った。

こうした論調は、韓国内の左右のメディアを問わず同一で、国を上げて溜飲を下げているような風情だ。

一方、これまで慰安婦問題を「性奴隷、連続レイプ」と書きなぐってきた、反日ナンバーワンのニューヨーク・タイムズ（築地の朝日新聞本社内に東京支局がある）は「戦後ドイツは正しい選択をした。他方日本は、歴史の健忘症を積極的に推進した。事実は明白である。すなわち日本軍が主に中国や北朝鮮の何千人もの女性たちに戦時中性奴隷を強要した」と、相変わらず厳しい見方を示した。

アメリカ以上に日本バッシングが激しかったのはフランスの新聞だ。リベラシオン紙は「数万人の女性が強制連行され、性的奴隷として売られた。そして劣悪な取り扱いに耐え切れず、多くが自殺」とし、ル・モンドは「十四歳の私は日本兵に力ずくで連行され、殴られ、けられ、犯され、手は針金で縛られた」という韓国人元慰安婦の証言を、どこかの資料から引用し、何の検証もなく取り上げていた。

いずれにしろ、当時の日本は、戦後六十年もたって、父や祖父が強姦魔であったかのような汚名を、全世界から着せられてしまった。それも同盟国アメリカによって。

キリスト教と北朝鮮

こうした挺対協のプロパガンダは、アメリカのみならず、オーストラリアやカナダ、ドイツ、フランスなどでも同様に展開された。

また、慰安婦プロパガンダがこれだけ国際社会に浸透した背景には、キリスト教ネットワークと北朝鮮の関与があげられる。主だった活動家たちの大半はクリスチャンであり、北とのつながりが深い。

例えば、初代挺対協代表だった尹貞玉氏や、韓国で最初に慰安婦として名乗りを上げて朝日新聞の植村隆記者が大々的に報じた金学順氏は、北出身だった。国連に〝性奴隷〟という言葉をロビー活動した戸塚悦朗弁護士は、主体思想派で有名なソウル特別市長、朴元淳氏（文在寅大統領と同期の左派弁護士出身）とロンドン時代に大学が一緒で、親しい関係だったという。

そして、尹美香氏は基督教長老会信者の司祭の娘であり、彼女は「デモの大学」と言われていた韓神大学校神学科に入学したのち、梨花女子大学大学院でキリスト教学科を修了している。ちなみに日本で慰安婦プロパガンダの中心的役割を果たした元朝日新聞記者、松井やより氏も東京山手教会の牧師の娘だ。

元駐韓国大使の武藤正敏氏は、「共に民主党」は簡単には正義連を切り捨てられない事情があると指摘している。正義連や挺対協出身者は、政権与党の枢要部に入り込んでいる。例えば、池銀姫元女性部長官、李美卿元議員、シン・ミスク元青瓦台秘書官などだ。また、正義連事務総長は青瓦台広報企画秘書官の妻である。

　朝鮮日報によれば、現政権の青瓦台首席秘書官や長官クラス経験者の中で、市民団体出身者はすでに二十人近くいるという。こうした政権と市民団体とのしがらみが、元慰安婦の中心的活動家よりも正義連を重視する姿勢となる。

　つまり、現政権が尹美香氏のバックについているので、もともと法治国家ではなく人治国家である韓国において、一体どこまで野党の追及が機能するかは、はなはだ疑問だ。たとえば、こんな報道もされていた。


《韓国与党・共に民主党の尹美香議員とその周辺の人々が、非営利民間団体「金福童（キム・ボクトン）の希望」の違法募金を主導していたことが（二〇二〇年六月）十一日、明らかになった。「金福童の希望」運営委員に尹議員、尹議員の夫、尹議員の補佐陣（補佐官・秘書官）らが多数、名を連ねていたのだ。「金福童の希望」側は先月、寄付金品募集登録をしないまま支援金を募ってきたことを認めたが、一カ月経っても行政安全部とソウル市に募集・使用計画書を提出していない。

野党・未来統合党の郭尚道議員室によると、違法募金を主導した「金福童の希望」共同代表・運営委員には尹議員夫婦・補佐陣のほか、先日死亡した慰安婦生活施設「平和の我が家」の所長、慰安婦を象徴する「平和の少女」像の彫刻家、「日本軍性奴隷制問題解決のための正義記憶連帯」（正義連）理事、一人メディア「メディア・モング」などが含まれていた。尹議員をはじめとする「金福童の希望」運営スタッフは、国民銀行に二口座を開設して支援金を集め、昨年の寄付金収入は約二億二千万ウォン（約千九百万円）と発表した》（朝鮮日報／二〇二〇年六月十二日付）。

見果てぬ夢と慰安婦の記憶

今後も挺対協の過去の様々な不祥事が暴かれてゆくであろうが、それをどこまで現政権がかばい続け、ますます慰安婦問題が政局化すると同時に、元慰安婦たちの人権が置き去りにされてしまうのか、実に気がかりだ。

二〇〇六年十二月二十九日、二泊三日にわたり、尹美香氏を含む元挺対協の主要メンバー五人は北朝鮮の金剛山で年越しをしていた。北朝鮮に入った時、《幼い時の記憶の中では南と北の間には鉄条網で休戦ラインがこれみよがしにあったものだが、実際にその二つを引き離すのは心の境界だったということを北の地を踏みしめて実感したことだ》（挺対協機関紙20号）と感慨を隠さない。

前日まで「日本軍慰安婦問題解決のための国際ネットワーク、ワークショップ」の準備で疲労困憊《こんぱい》していたので、北朝鮮では徹夜の会議もしないで休息をとりたいと書いているが、言葉を返せば、首領様にこれから世界に展開しようとしていた従軍慰安婦世界反日包囲網の企画書を提出するため、相当の準備をしていたということになる。そして、彼らは金剛山などを観光し、最終日には「一番感激的だったことは、北の空の下、みんな一緒に一年の垢《あか》を落とし、新しい希望を発見したことだ。（略）南と北を隔てる境界が政治と制度であるなら、私たちの願いを重ねて、統一もさほど遠くないことだと信じる。（略）統一されれば南と北の日本軍慰安婦被害者ハルモニたちもお互いに抱き合い、慰め合うことができる」（挺対協機関紙20号）と報告していた。

それにしても活動家たちは、現在進行形で行われている北朝鮮の人権弾圧には一言も触れず、盲目的に北朝鮮との統一を夢見続けている。その見果てぬ夢のウソに、一体いつまで日本は翻弄され続けねばならないのか。

最後に日本人慰安婦として活動家たちに利用されている城田すず子さんと、とある韓国人慰安婦について触れておこう。

城田さんは貧しさゆえに親に神楽坂の置屋に売られた。自分の犠牲で家族の生活が成り立つならと過酷な運命を受け入れつつも、海軍の兵隊さんと恋に落ちたり、結婚もしたりと波乱万状な半生を送り、晩年、売春がいかに女性の精神と体を蝕《むしば》むか、その警鐘を鳴らすために自伝（『愛と肉の告白』桜桃社）をしたためている。その城田さんも活動家の手によって〝性奴隷〟にすり替えられてしまった。また、こんな記述もある。

《「ナヌムの家」から100メートル離れたところで、犬一匹とともに一人暮らしをしていたある元慰安婦は「ナムヌの家」が嫌いだと言っていた。そしてその慰安婦は行き違いがもとで、愛した日本兵と別れてしまったという昔の恋愛話をしてくれた。彼女に「ナヌムの家」が居心地悪かったのは、そこが愛の記憶を抱きとめてくれる空

間ではなかったからだろう》（『帝国の慰安婦』朝日新聞出版。朴裕河著）

慰安所はもちろん、そういった美談だけではなかったと思う。それでも戦争という悲惨な時代を、したたかに強くたくましく生き抜いてきた慰安婦たちは、決して〝性奴隷〟などではなかった。

李容洙氏は「〝性奴隷〟と言うが、とても汚くて嫌で仕方ない」と尹美香氏に話したところ、逆に「こう表現してこそ米国が怖がる」などと、尹美香氏から切り返されたと述べている。

元慰安婦たちが国連に〝性奴隷〟というレッテルをいたずらに拡散させた戸塚悦朗氏を名誉棄損で提訴する日が来ることを切望せずにはいられないが、多くの慰安婦が鬼籍《きせき》に入ってしまった現在、私たちに一体何ができるのだろうか……。

第二章　「朝鮮学校」への補助金ばらまきは許されるのか？

なぜ九万円も？

　荒川区議・小坂英二氏が二〇二〇年九月中旬、ＳＮＳで驚くべき内容を公表した。要約すると、以下の三点に絞られる。

・朝鮮学校の幼稚班への子供一人当たり一時間以内のアンケートで約九万円（税込）プレゼント（十五枚回答すれば、全員がもらえる。その内容は就労状況や年収など、ごくありふれたもの）

・朝鮮幼稚班に通う未就学児の親へのばら撒き
・文科省の売国政策に荒川区が加担

　このような趣旨の情報を発信したところ、拉致被害者救済に奔走《ほんそう》している知人たちの間で怒りの声が上がった。

「拉致問題も未解決のまま、なし崩し的に、朝鮮総連の支配下にある朝鮮幼稚班への事実上のばら撒き政策を行うとは一体何事だ？」と。

　不思議なことに、このニュースを大マスコミは報じていない。事の真相がよくわからない善良な日本人は「たかが九万円くらいでとやかく言わなくても……。ましてや幼稚園児なんだから」と思うかもしれないが、ことはそう単純なものではない。

　まずは小坂区議の主張に耳を傾けていただきたい。

小坂　「日本人を多数拉致し、血塗《ちぬ》られた独裁者が支配する北朝鮮。その出先機関の支配下の朝鮮学校に対し、荒川区から毎年八万四千円を保護者に補助金として渡しています。拉致問題解決の妨《さまた》げにもなる、こうした反社会的補助金は廃絶すべく声をあげ続けています。誤ったメッセージを北朝鮮に投げかけることにもなる」

――事実上のばら撒きですね？

小坂　「そうです。主に文科省と公明党が組んで、この政策を推進してきました。公明党は朝鮮学校や朝鮮総連と密接な関係があります。連立与党ですから自民党もなかなか反対の声を上げないのが現状です」

朝鮮幼稚班の恐るべき洗脳

自民党の赤池誠章《まさあき》議員は「朝鮮学校は北朝鮮、朝鮮総連と密接な関係にある。私は国会で質問し、警察庁や公安調査庁から確認しています」と指摘しており、朝鮮幼稚班とて例外ではない。

例えば、朝鮮幼稚班がどんな洗脳教育をされるのか、ユーチューブで「北朝鮮への忠誠を誓う東京朝鮮学校の生徒たち」や「朝鮮学校　演劇」で検索すれば一目瞭然だ。

小学生と思しき子供が「金正恩先生だけを固く信じ、従います」と涙顔で訴えている姿は、異様である。

長年、朝鮮総連の犯罪について研究を重ね『朝鮮総連に破産申立てを！』（展転社）の著者である、アジア調査機構代表の加藤健氏に朝鮮学校の実態について話をうかがった。

加藤　「一般的にはあまり知られていませんが、『北朝鮮における人権に関する国連調査委員会報告書』をもとに二〇一四年十二月に採択された国連総会決議は、北朝鮮で『人道に対する罪』が行われていると認定し、国際刑事裁判所への付託を求めた。もちろん人道犯罪には日本人拉致問題も含まれています。

つまり、拉致問題を国際社会の課題にするとともに、法廷で裁くべき、もっとも重大な犯罪であると正式決定させたのです。安倍政権は北朝鮮人道犯罪の刑事責任追及を国連で決議する歴史的偉業を成し遂げたのです。

朝鮮学校は北朝鮮当局の支配下にある朝鮮総連のさらに支配下にあることは明確で

あり、二〇一八年九月二十七日の大阪高等裁判所判決でも『不当な支配』にあたる疑いが指摘されています。

各種学校についても教育に対する『不当な支配』を禁じた教育基本法第十六条第一項が適用されることは、『朝鮮学校とわが国の教育政策との関係に関する質問に対する答弁書』（二〇二〇年六月十九日付）でも政府見解として示されています。

朝鮮学校の教育内容には、北の指導者礼賛、大韓航空機爆破事件を捏造《ねつぞう》と主張した点、また拉致問題解決を求める運動を中傷する教科書の記載など、多々問題がありますす」

――ようやく日本政府が拉致問題に対して足場を固めた直後、なし崩し的に朝鮮幼稚班へのばら撒きが始まるのは、国際社会にも誤ったメッセージを投げかけかねないですね。

加藤　「そうです。歴史の教訓から学ぶべきだと思います。日本が北朝鮮人道犯罪に断固たる姿勢を示せば、むしろ、後世の朝鮮人から感謝され、国際社会からも高く評価されるでしょう。

実際のところ朝鮮総連構成員の大半は、北朝鮮・総連組織の犠牲者です。人として許せない卑劣な犯罪の数々が我が国領域内で行われてきました。

北朝鮮の体制崩壊後に在日は、日本政府の不作為を糾弾し、謝罪・賠償を求めてくると思います。実際に五年前に韓国で話した元統一省次官（駐日本大使館で勤務経験あり）は、日本が北朝鮮への帰還運動を認めたことを非難していました（日本は止められないと反論しましたが）。

そして、朝鮮総連は一九四八年の朝鮮人暴動『阪神教育事件』を起こせと暴力・テロを示唆していますので、民主主義社会の原則に則り、今回のばら撒きは即刻取りやめるべきです。暴力を示唆する者に譲歩すれば重大な禍根を残しますから。

在日コリアンの子供たちは、この先、半世紀以上を日本で生活するでしょう。ところが、国連に人道犯罪を認定された金王朝はあと十年も持ちません。ナチ、ポル・ポト、オウム真理教の学校に行った人が現在どのような扱いを受けるかを考えれば、子供たちを朝鮮学校に進ませて良いかどうかは自明です。

一切の圧力に屈することなく、子供にとって最善の道を選んでいただければと心より願っています。また、文科省には〝朝鮮学校に通うと国家保安法違反〟になることもお伝えしています」

子供を犯罪者にする学校

――それはどういう意味ですか？

加藤　「現在、朝鮮学校に通う生徒・学生の相当部分が韓国籍ですが、韓国の国家保安法を犯し、犯罪者になってしまう問題があります。子供を守るため政府・地方自治体は朝鮮学校進学を助長する一切の行為をやめるべきです。

韓国の国家保安法は韓国人が『反国家団体』に加入し活動することを禁止しており、最高刑は死刑と非常に厳しいものです。大法院（最高裁）判決で『北朝鮮政府』や『朝鮮総連』が反国家団体と認定されているからです。

朝鮮学校高級部（高校）と朝鮮大学校の全学生は在日本朝鮮青年同盟（朝青）に加盟させられ、政治学習を行っています。朝青は朝鮮総連の公式傘下団体なので、韓国籍の子は国家保安法に違反して朝鮮総連に加入したと見なされる。

朝青規約について先日、松原仁先生（立憲民主党）に質問主意書で取り上げていただきましたが、第一条に『朝青は、社会主義祖国を熱烈に愛し擁護して、祖国の科学技術発展に積極的に貢献して我が国・我が祖国の富強発展のために献身する』とあります。科学技術スパイをやると宣言しているようなもので、実際に力を入れています。たとえば私が調べたなかで、朝鮮学校高級部と朝鮮大学校の朝青で活動したあと、東大先端科学技術研究センターや東大生産技術研究所で耐久性ある新素材を研究して博士号を取得した男がいます。この男は自分の研究の用途として『航空機の部材』を挙げています。先軍政治の北朝鮮で何に使われるか明白ですよね。

現在の文在寅政権は北朝鮮に近いので取り締まっていませんが、過去には朝鮮総連関係者と接触した韓国人や在日韓国人が多数逮捕されています。次の韓国大統領は現在の反動で保守系になる可能性が高く、徹底取り締まりを再開することが十分考えられます。

子供を犯罪者にする学校の入口が幼稚班です。公金を支出するわけにはいかないとお伝えしました」

濡れ手で粟《あわ》のボロ儲け

——朝鮮学校校長も犯罪者とか。

加藤　「朝鮮学校は、元校長二名が日本人拉致と覚醒剤二百五十キロ密輸で現在国際手配中という学校です。両方とも個人的犯罪ではなく、校長であったことの延長線上の国家犯罪です。原敕晁《はらただあき》さんを拉致した金吉旭容疑者は、警察庁の国際手配被疑者一覧に掲載されています。原さん拉致については韓国の裁判所の確定判決に詳しく書かれており、金容疑者も認めていることから事実関係が確定しています。

　また判決文に朝鮮学校校長であったことも書かれています。覚醒剤卸売り会社を経営していた曹奎聖容疑者は山口県警公開指名手配一覧に出ています。共犯者の確定判決で曹容疑者の主導的役割が認定されています」

——これでは子供たちが犯罪に憧れてしまいますね。

加藤「そうです。その恐るべき洗脳の入口というべき幼稚班を支援したならば、北朝鮮体制崩壊後に『日本政府はカネを出して自分の人生をメチャメチャにした。謝罪せよ。賠償せよ』と求められることは間違いないでしょう。

ヨーロッパで第二次世界大戦終結後、ナチ支援者は徹底的に責任追及されました。在日が熱望して実現した帰還事業でさえ日本政府の責任を問う声があるのです。体制崩壊は必ず起きます」

かつて、朝鮮総連は北朝鮮を「地上の楽園」と喧伝《けんでん》、一九五九年から八四年まで、約九万三千人が北朝鮮へ帰国した。その中に約千八百人の日本人妻が含まれていた。彼女たちの多くは壮絶な死を遂げて遺骨すら回収できていない。その日本人妻などを犠牲にした上で、朝鮮総連は「地上の楽園ビジネス」でぼろ儲けしたのだ。

そのとき、朝鮮総連幹部は濡れ手で粟《あわ》のボロ儲けをしていた。帰還事業は、無から有を生むカネ儲けスキームでもあった。ハッキリいえば詐欺《さぎ》である。韓光熙氏は証言する。

《帰国者たちはそのほとんどが、所有していた土地や建物を総連に寄付して帰った。そうすれば祖国で応分の資産を保証するという誓約書を、総連が書いたからである。しかし、その約束が簡単に反故にされたことは言うまでもない。結果から言えば、朝鮮総連は一〇万人の同胞を地獄に突き落としたうえで、その私財を収奪したというこ とになる。そんなわけで、成（在日朝鮮人の名前）はたいそう羽振りがよかった。会議か何かで私が上京するたび呼び出され、新宿のキャバレーに連れていかれた》（韓光熙『わが朝鮮総連の罪と罰』文藝春秋）

なんという卑劣さ。誘拐犯と大して変わらない。

加藤　「拉致被害者をネタに日本をユスるのと同じくらい卑怯なことを朝鮮総連は同胞に行っているのです。韓氏は『現在の総連の活動で、ただの一つでも同胞の役に立っていることがあるだろうか。いや、むしろ、やっているのは、同胞に害を及ぼすようなことばかりではないか』（『わが朝鮮総連の罪と罰』）と書いています」

旗振り役の議員

洗脳教育される子供たちの悲劇をよそに、朝鮮学校無償化の旗振り役を務める議員もいる。

例えば馳浩《はせひろし》衆議院議員。

日朝国交正常化推進議員連盟事務局長でもある馳氏は、二〇一九年十二月十一日、東京第一初中付属幼稚班を与党議員として初めて視察している。また、二〇二〇年三月二十六日、幼児教育類似施設の課題を考える超党派議員の会が発足し、会長に就任した。

もともと馳議員は『新しい世代』という題名の朝青機関誌に、一九九五年七月号に登場。「朝鮮は日本のルーツ」と述べ、二〇一四年には朝鮮総連の大会に出席し、SNSに「近代史における、朝鮮民族の誇りが充満する朝鮮総連という組織」と称賛している。

また、九五年に訪朝した際に観たマスゲームについても、「僕は教師やってたから思うんだけど、あれだけ統一された体制を作り上げるのは大変な事ですよ。上からの命令というだけなら、必ず不満を訴える人や反抗する人、あるいは上が怖いからイヤイヤやっているっていう人が出てくる。でも、そういうものとは違うと感じたんですね。（略）そのエネルギーの源は何なのかと考えるとき、それは〝チュチェ思想〟だと僕は思う」。

そんな馳氏は二〇二〇年四月、虐待や性暴力の被害に遭った十代女性を支援する一般社団法人「Ｃｏｌａｂｏ《コラボ》」で運営されているカフェを視察した際、少女にセクハラをしたことで支援団体が抗議声明を発表し、自身も謝罪していることが報じられている。

セクハラといえば、立憲民主党の初鹿明博《はつしかあきひろ》氏も「わいせつ容疑で書類送検　警視庁起訴求めず」（『朝日新聞』二〇一九年十二月十六日付）と報じられた。

初鹿氏は二〇二〇年八月五日、衆議院第二議員会館ですべての幼稚園児に「幼児教育・保育の無償化」適用を要請する集いに参加している。雑誌『チュチェ思想』（二〇一九年九月号）によれば、この時、参加した議員の中には畑野君枝氏、高良鉄美《たからてつみ》氏などもも名を連ねていたという。

高良氏といえば、二〇二〇年一月十一日に那覇市で開催された「チュチェ思想新春セミナー」に出席し、来賓あいさつをしている。

ちらつく前川喜平の影

最後に元文科省の重要人物を紹介しよう。

「幼保無償化を求める朝鮮幼稚園保護者連絡会」という団体が運営する「すべての子どもたちに学びの保障を！」というサイト（https://www.youho-korea.com/）では、幼保無償化適用を求める「１００万人署名運動」が展開されており、元文科省事務次官の前川喜平氏などが名を連ねているのだ。

前川氏は、朝鮮総連公式機関紙・朝鮮新報の取材に応じ、《排外主義克服し「より良い社会へ」》。幼保無償化制度からの外国人幼稚園除外はあってはならない差別だ。朝鮮学校に関して言えば高校無償化で文科省官僚として制度に携わり、朝鮮高校が除外されたことで当事者としてとても残念な思いをした。今回、朝鮮幼稚園が除外されたことについてもまったく同じ思いだ》(「朝鮮新報」二〇二〇年四月六日付)と答えている。

元文科省事務次官ともあろう前川氏が、認可を受けていない者が「幼稚園」を名乗るのは学校教育法第百三十五条違反にあたることを知らないはずがない。にもかかわらず、認可されていない施設を「幼稚園」と呼び、誤解を拡散させることを意図的にするのはいかがなものか。前川氏といえば、歌舞伎町の出会い系バーに〝貧困調査〟と称して通い、『面従腹背《めんじゅうふくはい》』(毎日新聞出版)なる著作を持つ人物。

最後に文科省の初等中等教育局に一連の前川氏の発言などについて、書面で質問を投げかけてみた。戻ってきた回答は次のようなものだった。

文科省　「前川についてはすでに退官しておりますので、当人の発言については関知しておりません」

――朝鮮幼稚班へのアンケート八万円について知人が荒川区に問い合わせたところ、要約すれば「文科省の指示・国から受託しただけ」ということでした。この問題を告発している荒川区議の小坂英二氏は「今回はもともと、調査のための予算であるという名目。だからと言って、調査（アンケート）しました、これでおしまいとはならないだろう。令和三年度は補正予算を組んででも、無償化の対象にしようと文科省は動くのではないか」という指摘をされています。

①赤池誠章議員が、長年にわたり文科省に朝鮮学校無償化の危険性をお伝えし、担当者も十分にその危険性をわかっていながら、なぜ、事実上このようなばら撒き政策がなされる流れとなったのでしょうか？

②朝鮮総連が学生を動員して毎週金曜日に文科省に押し掛けたり、多数のメールを送り付けたりして圧力をかけていますが、応じざるを得ない雰囲気になってしまったのでしょうか？

③「令和三年度は補正予算を組んで無償化の対象にしようと文科省は動くのではないか？」という小坂区議の指摘に対して文科省の見解を教えていただけますでしょう

か？

文科省　「今年度文部科学省において行なっている、いわゆる幼児教育類似施設に関する調査事業は、幼稚園や保育所、認定こども園に通っていない満三歳以上の小学校就学前の幼児を対象に、自然体験、様々な遊びや生活体験を通じた集団的な活動を行う施設等に対して支援を行っている自治体に対して、それらの施設等の支援の方策に関する調査を委託するものであり、御指摘のようなことはございません。また、令和三年度補正予算については、承知しておりません」

何度読み返しても朝鮮幼稚班への言及はなく、官僚答弁の限界とも思えるが、答えになっていない。日本学術会議の問題点、極端な左傾化が露わになりつつある現在、朝鮮学校無償化についても日本国民の厳しい目が及び、文科省に潜伏しているであろう前川元事務次官の志を受け継いだ輩たちの暗躍ぶりに、少しでも歯止めがかかることを願わずにはいられない。

第三章　金王朝「主体思想」が日本国内に浸透している

なぜアイヌが北朝鮮の「主体思想」を学ぶのか？

二〇一九年八月、韓国の文在寅大統領やその側近たちが北朝鮮の秘密党員だったという機密文書を元共産党議員秘書の篠原常一郎氏が暴露し、韓国では文在寅大統領率いる従北派と保守派の対立が高まったことがあった。

とはいえ、韓国の従北ぶりは文政権から始まったものではない。金大中時代から〝もはや青瓦台は平壌の手に堕《お》ちた〟と言われていたし、北の対南工作は着々と進んでいた。私は対南工作の片鱗を探るため、九〇年代から韓国を訪ね、左派系メディアとの接触を試みた。「同じ民族ですから統一は当たり前です」と朝鮮半島の未来について答える彼らに、〝北の人権弾圧や一党独裁とどう折り合っていくのか〟と問うてみても、肝心な部分からは目をそらすばかりで明確な回答は得られなかった。あのなんとも言えない統一ムードをいまだに覚えている。

日本を含め、諸外国から見れば、あの怪しげなろうそくデモによる朴槿恵政権潰しも異様な光景に映ったが、韓国内から眺めてみると、長年にわたって熟成させたアルコールが揮発《きはつ》して発火点を迎えたような流れではなかろうか。その後、総選挙（二〇二〇年四月投票）を前にして、韓国の保守派による文政権批判や大規模な反政府デモも発生したものの、本気で革命を遂行している文政権は、保守派のメディアや知識人への「弾圧」も行ない、結局与党側の圧勝に終わっている。朝鮮半島の形式的な南北統一は水面下で日米とも了承済みのシナリオになっていると思わずにはいられない。GSOMIA破棄も含めて、実際にはすべてトランプ政権のみならず、バイデン政権も織り込み済みのシナリオ（「韓国」よりも「台湾」が大事！）ではなかろうか。

しかし、青臭い革命に燃える文政権だけで東アジアの地政学を変えるような潮流を具現化する力は持ち得ないのではないか。

　こうした動きと連動して、実は日本でも沖縄－大阪－官邸－北海道にかけて〝日本分断〟工作が北朝鮮の意を受けた従北派勢力によって相変わらず展開されている。それは、次のような事実から引き出されてくる。

　例えば、腐敗と矛盾だらけのアイヌ政策推進会議の座長になぜ、菅官房長官（当時）が鎮座していたのか。こういう役職には慣例上、官房長官が「就任」することになっているとはいえである。時間はかかるであろうが、丁寧に見ていく必要がある。

　ここで本題に入る前に、アイヌ利権について簡単に説明しておく。

　二〇〇九年、小野寺まさる氏が北海道議会議員だった時に自身のＨＰに掲載した文章を引用させていただく。小野寺氏はアイヌ協会の不正資金流用について、議会で追及してきた稀有《けう》な議員だ。

「道の政策において『アイヌ人』を認定する基準はありません。アイヌ協会が認めればアイヌ人として認定されます。戸籍も何も関係ありません。そして、もしアイヌ人として認められれば、驚くほどの補助が国や道から受けられます。ここに不正や利権が生まれるのです。（略）また、アイヌの方々への大学生への就学資金の貸付制度についても質問をしました。この貸付制度は名ばかりの制度で、実際にはお金を返還する必要が無い『いい加減な制度』でした。というのも、この貸付金を返還したのは98 9人の中で1人のみで、返還を免除した額は24億円以上にもなるのです。中には、年間約100万円を13年間もらい続けた者がいた事実も判明しました。（略）これらの制度は一部のアイヌ協会の役員やその親戚・知人などの利用が多く、本当に大学の就学資金の貸付を必要としている方々が、この制度を利用できない仕組みになっていたのです。情報を握った一部の人たちだけがこの制度を利用していた訳です。（略）かなりの時間を割き、アイヌ協会に関して調査をしましたが、調べれば調べるほど『一部のアイヌ人と一部の政治家や勢力が〝アイヌ施策〟を利用し、税金を搾取している』ということが解りました」（小野寺まさるＨＰより）

小野寺氏いわく、これも氷山の一角でまだまだ不正流用はたくさんあるという。にもかかわらず、こういった問題が未解決のまま、日本政府が今年、アイヌ関連事業に予算をつけているのは解せないと思うのは私だけではあるまい。

北海道では小野寺氏に取材協力をいただき、白老《しらおい》町のアイヌ文化施設「民族共生象徴空間（愛称ウポポイ）」の建設現場を訪ねた。この施設は札幌から車で約一時間のところにあった。

海岸線を通り抜けると、ビルもない静かな田舎町だが、湖畔越しに突如、東京ドームのような巨大な建設物が現れた。白老がアイヌの聖地だというのなら、これこそ環境破壊ではないかとも思うが、工事現場に張られた無数の受注業者の社名を見ると、アイヌ政策と土建屋の二人三脚ぶりがよくわかる。誤解しないでいただきたいのは、私は公共事業のすべてが悪いと言っているのではない。国民にとって本当に必要なものならどんどんやるべきだし、逆もしかりだ。

ウポポイ建設にあたり、費用総額は二百億円を超えている。車窓越しに小野寺氏はこう言う。

「いま通り過ぎたコンビニ、アイヌ協会関係者の親族の店です。来年になったら〝ウポポイ〟特需でしょう」

白老の観光案内所にも立ち寄ってみた。受付の青年と雑談を交わしたが、生まれも育ちも白老だという青年は、学校でもアイヌの生徒はおらず、どこにアイヌがいるのかもよくわからないという。〝アイヌの聖地〟と謳いながら、なぜ地元の青年がアイヌについて何も知らないのか、なんとも拍子抜けした現場だった。

優雅なアイヌ民族文化財団

二〇一九年十月五日～六日、上記した〝ウポポイ〟のPR活動の一環として、東京都・亀有のショッピングモールで開催されたアイヌのイベントに参加してみた。一階の催事場にはアイヌ・コーナーが設置され、アイヌの住居を再現した部屋と、民族衣装無料貸し出し撮影コーナー、アイヌ彫刻や伝統文化などを展示しているコーナーがあった。

六日の十三時からは〝ウポポイ開設PRアンバサダー〟宇梶剛士氏のトークショー

が予定されていた。ところが十三時には始まらず、北海道副知事・中野祐介氏、白老村長・戸田安彦氏などの挨拶が続き、十三時十五分頃、付き人に守られながら、宇梶氏が登場。三人の男性はにこやかに握手をしながら、司会の女性が「皆様、シャッターチャンスですよ！」と呼びかけ、撮影タイムとなった。隣にいた中年男性二人が「なんで宇梶がアイヌ・アンバサダー？　あいつ、もともと暴走族の頭《ヘッド》だろう」と苦笑している。宇梶氏は「私の母方がアイヌで……」と前置きしながら、アイヌ文化について正味十数分のトークショーを開催。

「アイヌって言葉を使ったり、背負う以上、人間らしさとは何か、アイヌらしさとは何か、ちゃんと自然に考えるような言葉が……、まず人間という意味がアイヌということ……」

ハテ、どこかで聞いたことがあるフレーズだと思い、帰宅して北朝鮮主体思想の司令塔・尾上健一氏の著作を開くと「アイヌとは〝人間らしい人間〟という意味である」（尾上健一著『自主の道』五月書房）にあった。

ちなみに、このウポポイ関連のイベントの予算について、小野寺氏に問い合わせると、「アイヌ政策推進局、アイヌ政策課」のHPを教えてくれた。なんと、ウポポイPR事業は株式会社電通北海道が請け負っていて、予算は二千五十四万五千八百円。

ビックリして小野寺氏に「なんでウポポイPRに二千万もの税金が投入されなきゃいけないんですか！」と問うと、「これはお約束のプロポーザル方式で、アイヌ関連事業の大半は電通が受注しています。注視すべき点は、これは内閣府ではなく、北海道のイベントなのです。二〇一九年新たに内閣府で六億円もの予算がつき始めましたが、これはどんどん増えていくでしょう。それとは別に、地方自治体や各省庁のアイヌ事業は従来通りであることをお忘れなく。アイヌ事業は二〇一九年四月のアイヌ新法成立にともない、全国規模で拡散されることは間違いありません」と言う。

東京駅前の一等地、八重洲ブックセンターのすぐ近くにあるアイヌ文化交流センターにも足を運んでみたが、アイヌ民族衣装などが展示されているほか、アイヌ関連の蔵書や資料などとともに使っていない会議室もあった。この会議室はセミナー用だというが、なんとももったいない。

増税で消費も冷え込むご時世に、レンタル会議室を利用して経費削減している民間企業も多いが、主催者のアイヌ民族文化財団はなんと優雅なことか。不動産屋に尋ねると家賃相場は二百万円前後ではないかという。

平和運動の名のもとに

かねて、アイヌ協会には主体思想関係者が入り込んでいると、一部の有識者たちから指摘されてきた。小野寺氏も二〇一一年十二月に道議会で追及している。

小野寺　「札幌で主体思想について、アイヌ協会の関係者が講座を開いているという認識でおりますが、詳しい内容をお聞かせください」

アイヌ政策推進室参事　「正確な情報は得ておりませんが、ある資料によると九月二十九日に札幌で開催されたと承知しております」

小野寺　「その主催した団体の名前を教えてください」

アイヌ政策推進室室長　「インターネットの資料によりますと、その資料の下の方の記載では『日本キムイルソン主義研究会』という名称が記載されています」

という言質《げんち》をとっている。また、主体思想に詳しい篠原常一郎氏が「アイヌ政策の根幹はこの本に書かれています」と教えてくれた、前出の尾上健一氏の著書『自主の道』（五月書房）には驚愕の実態が記されていた。日本を「自主化する」、つまり、主体思想化するための戦略として多くの課題が示されているが、そのトップスリーを紹介する。

「民族と民衆の自主権を実現するための闘争で定義される重要なものは、第一にアイヌ民族の復権を実現すること、第二に、労働者階級の闘争を発展させること、第三に、沖縄の自治、自立を達成すること（以下略）」

「ここで日本を自主化するたたかいとアイヌ運動との連携を整理するならば、第一にアイヌの民族的自主権を確立するための闘争は日本を自主化するたたかいの重要な構成部分であるということです。いいかえるならば日本を自主化するためのたたかいは少数民族であるアイヌ民族の自主権を確立するための闘争をぬきにしては考えられないということです」

さらに、同著には、こうある。

「アイヌ問題の解決は日本を自主化する重要な動力である。アイヌ民族の自主権を実現するためには、それを条文化した憲法の改正、ないしは新しい法律の制定が不可避となる。『北海道旧土人保護法』は廃棄されなければならない。国会にアイヌの代表が進出しなければならない」

実際に二〇一九年四月十九日、アイヌ民族を法律上初めて「先住民族」と位置づけたアイヌ新法が参議院本会議で可決され成立。「北海道旧土人保護法」は一九九七年アイヌ文化振興法施行に伴い、鈴木宗男氏が旗振り役をして廃止に。アイヌの代表である萱野《かやの》茂《しげる》氏は一九九四年から九八年まで参議院議員を務めている。驚くべきは、一九八七年に書かれた主体思想の指南書（『自主の道』）通りに日本のアイヌ政策が進行していることだ。また、アイヌを「先住民族」にするため、当然のことながら北海道における歴史改竄《かいざん》も着々と進んでいる。ちなみに前述した東京・亀有のアイヌイベントについてだが、単なる日本の地方都市の伝統文化紹介といったものとは次元が異なることを指摘しておく。

尾上氏が一貫して主張していることは、自治区云々の前にアイヌ舞踊やアイヌ語の普及など文化攻略を重視すべきだという点である。例えば主体思想の雑誌『自主の道１１９号』（二〇一三年十二月）には「アイヌ民族の伝統・文化を受け継いで生きる」という記事もある。

別記事では、埼玉県比企《ひき》郡で教職員組合と自治労、主体思想関係者が連携し、〝平和運動〟の名のもとに、アイヌ民族を取り上げ、アイヌ伝統楽器講習会やトークショーなどを開催したことにも触れている。当時はこのイベントを開催するにあたり、宣伝などの苦労話も書かれているが、二〇一九年に入ってからは日本政府の予算もつき、一部は電通がＰＲを担っているのだから、主体思想関係者の笑いは止まらないであろう。

菅官房長官（当時）の見解

二〇一九年九月二十二日、永田町にある星陵会館で櫻井よしこ氏が主宰する「言論テレビ7周年感謝の集い」に菅義偉官房長官（当時）がゲストとして招かれ、パネリストとして参加させていただいた私も菅氏に質問する機会を得たので、そのやり取りを紹介しよう。一部、読みやすくするため、口語体から文語体にしているが、発言内容は変えていない。

大高　「菅官房長官は『アイヌ政策推進会議』の座長を務めてらっしゃいますよね。アイヌが〝先住民族〟としてアイヌ新法に明記されてから、いろいろと辻褄の合わないことも生じております。たとえば歴史に関する記述でも、『北海道はアイヌの土地であって、明治以降、倭人が侵略をしてアイヌが虐殺、差別されてきた』といった趣旨のことなども、文科省の指導要領とかに書かれていますが、これって歴史の改竄ですよね？」

菅「そこに私はどのように書いてあるか知りませんけれども、少なくとも私どもがやろうとしているのはアイヌの人々が北海道の先住民族だったということ、これは事実だと思います。まあ、そういう中で、名誉と尊厳ということを保持し、次世代へと継承していくためにアイヌ政策を今回『推進法』でやろうということを今私もやっているということです」

大高「先住民族であるというのも、まだ議論が分かれている段階だと思いますが、実はアイヌ政策に関して北朝鮮の主体思想の指南役・尾上健一さんという方が八〇年代に書いた本に（日本を自主化するための）アイヌ政策が書かれていて、今の日本政府のアイヌ政策が主体思想とまるっきり一致して進められている。また、現在のアイヌ協会の中にも、主体思想関係者が数名在籍し、どうして日本国でありながら、このような北の影響を受けた政策が行われているのか。また、アイヌ協会の最終的な目的がアイヌの自治権の確立、つまりアイヌの自主憲法、国旗の制定とか、そういったところまで議論されているので、これは国家分断工作と言っても過言ではないような懸念がありますが、官房長官はどのようにお考えでしょうか?」

菅「そこについては、私はそうしたことは正直感じておりません。私ども、このアイヌ政策を実行するにあたり、アイヌの中でも色々と対立する方がいらっしゃることは事実ですが、全部がそうではありません。アイヌ民族と言われる人たち全員の方が、まとまっているわけではないということも、承知しております。しかし全体としてみれば、そこはそういうことではないという風に思っております」

大高「では菅官房長官、アイヌ政策推進会議の座長として、アイヌの自治権などは絶対に認めないという方向性で解釈してよろしいでしょうか?」

菅「いや、あの、そこは求めてないと思います」

大高「一応、(札幌アイヌ協会の)議事録にはそのように書いてあったんですけど、大丈夫でしょうか?」

菅「いや、自治権ということまではないと思います」

杉田水脈衆議院議員「アイヌのことに関しましては、関心を持たれている方も多いと思いますが、実は、二〇〇八年に『アイヌが先住民族である』ということを閣議決定しております。また、日本は国連とも人種差別撤廃条約というのを結んでおり、その条文の中には先住民族に対し『こういう政策をやりなさい』『こういう風な文化を残しなさい』とありますので、政府もそれに沿って進めていかないといけないということがあります。ですので、ここ一、二年でアイヌが出てきたわけではなく、そういった背景すべてを理解していただきたい。そんな中、多分今お話ししにくい中を官房長官はお話しして下さったと思うんです」

杉田議員の話を補足する。二〇〇七年に国連で「先住民族の権利に関する国際連合宣言」が出され、「アイヌ民族の権利確立を考える議員の会」代表の元自民党衆議院議員・今津寛氏や鈴木宗男氏らが旗振り役を担い、〇八年六月六日「アイヌ民族を先住民族とすることを求める決議案」が衆参両院において全会一致で可決している。両氏の功罪について、正鵠《せいこく》を射た論評を紹介する。

「鈴木宗男・今津寛両衆議院議員が論拠としてよくあげていたのが花崎皋平著『静か

な大地　松浦武四郎とアイヌ民族』（岩波書店）である。彼は著作において、アイヌの困窮は松前藩や幕府の支配が及ばないところで行われる悪徳商人の横行と、統制が及ばずに野放しにされた資本主義経済、そしてアイヌ部落内の身分制度がアイヌの惨状をまねいたことを厳しく糾弾している。（略）これが両氏によって〝和人＝加害者〟〝アイヌ＝被害者〟という構図で国会に持ち込まれ、わが国の歴史にとりかえしのつかない、しかも全く史実に基づかない汚点を刻み込んだ」（『科学的〝アイヌ先住民族〟否定論』的場光昭）

同著は、「全会一致」は十分な議論の機会も与えられないまま、ゲリラ的に進められ、詐欺に等しいやり口だったこと、鈴木氏や今津氏が先を急いだ当時の政局にからむ打算の裏事情などにも触れている。

北海道自治区化計画

菅官房長官（当時）は、アイヌが先住民族だと認めつつ、アイヌの自治区は認めないという。よく考えてみれば、これは矛盾してはいないだろうか。アイヌ先住民族認定はアイヌ自治区確立のための布石なのだ。

その証拠に尾上健一氏はこう書いている。

「多くのアイヌ民族が住んでいる北海道を特別自治区にするということも重要でしょう。（略）いわゆる北海道の歴史というのは１００年しかなく、それ以前の歴史はアイヌの歴史です。しかし、北海道を特別自治区にするという課題はいますぐに成熟した政治課題にはなっていません。このような政治的課題に先行するのが『アイヌ民族に関する法律』を制定していく課題です」（『自主の道』尾上健一）

自治区の危険性については、小野寺氏が重要なことに触れている（二〇一九年十月三日、「チャンネル桜　北海道」の放送において）。

『先住民族の権利に関する国際連合宣言』（国連総会第61会期／二〇〇七年九月十三日）

の中に軍事活動に関する規約があり、その内容は、

「第30条　軍事活動の禁止
①関連する公共の利益によって正当化されるか、もしくは当該の先住民族による自由な合意または要請のある場合を除いて、先住民族の土地または領域で軍事活動は行われない。
②国家は、彼（彼）女らの土地や領域を軍事活動で使用する前に、適切な手続き、特にその代表機関を通じて、当該民族と効果的な協議を行う」
というものだ。

「軍事活動」禁止云々の項目があるのだ。主体思想が浸透した北海道自治区化計画は着々と進んでいるというしかない。

菅氏は自治区を否定したが、朝鮮半島や中国の対日侵略戦略は十数年から百年単位の長期的な視点で実行されている。この先、自民党が主体となった政権が力を失い、悪夢の民主党のような政権が甦《よみがえ》ったとしたら、〝アイヌ先住民族北海道特別自治区制定〟を行う危険性がないと一体誰が保証できるだろうか。

万が一、自治区に認定されてしまったら、自衛隊が「アイヌ自治区」などと示された地域に駐屯できないという事態に及んでしまう危険性はないのか。

もちろん、これは杞憂《きゆう》にすぎないのかもしれないが、それほどの不安を抱かせる問題なのだ。

コロナウイルスより猛毒なイアンフ・ウイルス

現に慰安婦問題だって、一九九〇年代初頭に日韓の反日活動家と朝日新聞が火付け役を担って展開されたプロパガンダだが、日韓合意を経たにもかかわらず、海外（ドイツなど）の慰安婦少女像も増え続け、現在進行形で二〇二一年になっても収束の気配はない。コロナウイルス以上、長期間の「感染」「流布」が続いているのだ。より、猛毒といえる。

慰安婦問題の失敗は、最初に先手必勝で史実と証拠を武器に闘わなかったことで、慰安婦証言の十分な検証も怠ったまま「ここで日本が謝罪してくれれば、韓国は未来永劫歴史問題に触れないでおく」などといった韓国政府の口車にのせられた日本政府の責任は否めない。

なぜ同じ過ちを繰り返すのだろうか。しかもアイヌ・キャンペーンは慰安婦問題より事態が深刻だ。なぜなら安全保障に関わる要因を秘めているからだ。

中国が異常な興味を示し、あからさまに北の工作が見え隠れするアイヌ政策を、日本政府が進めようとするのはなぜだろうか。

私見を述べさせていただく。アイヌ利権はもしや朝鮮半島南北統一における間接的な資金援助に通底しているのではないかという疑念だ。長年、慰安婦問題を研究してきているが、〝サハリン残留韓国人帰還問題－慰安婦問題－戦時労働者問題（徴用工）〟と順を追って用意されてきた歴史問題には、将来的な日朝国交回復時における戦後補償が絡んでいることに気付かされた。

間接的な資金援助？

一九六五年に締結された日韓基本条約では、日本は韓国と戦争などしていなかったので、〝戦後補償〟ではなく〝経済協力〟として、日本は韓国に総額八億ドル（無償三億ドル、政府借款二億ドル、民間借款三億ドル）を拠出している。

この時、韓国側は請求権を放棄しているにもかかわらず、文政権は「個人請求権は消えていない」などと詭弁《きべん》を弄《ろう》し、国際条約を反故《ほご》にしようとしている。実際に、北朝鮮の対日戦略も終始一貫して、この点にこだわり続けている。

その腹は経済協力より戦後補償の方が金額も吊り上げられるし、日本に対してより優位な交渉に挑めるからであろう。

現に、一九九〇年九月二十八日に調印された自民党、社会党、朝鮮労働党の三党共同宣言には「戦後45年間の謝罪、十分な償い」と記され、帰国した自民党の元副総理・金丸信と社会党副委員長の田辺誠氏は、安易な妥協をしたことから国民世論の大批判に晒《さら》された。

当時の交渉の舞台裏を産経は次のように報じている。

「共同宣言は、金丸訪朝団事務総長の石井一（79）、同団事務局長の武村正義、社会党訪朝団副団長の久保亘らが中心となった起草委員会で議論された。

武村ら日本側は『交戦もしていない国の戦後賠償には応じられない』と突っぱねたが、北朝鮮はなかなか折れない。16時間にわたる協議の末、最後は金丸の鶴の一声で『償い』の文言を入れることが決まったのだった。金丸は滞在中、金日成と2人だけで5時間近くも密室で会談している。ただ、日本側の通訳や外務省の随員が入っておらず、記録を残していないため、大きな問題となった。この密談の中で、金丸は数十億ドルの『戦後賠償』を約束したともいわれているが、『誤解だ。〈償い〉までは是認していない』と否定している」（『産経新聞』二〇一四年八月二日付）

幸いにも、三党共同宣言における〝償い〟の文字は、二〇〇二年の小泉元首相訪朝時に出された〝日朝平壌宣言〟において〝経済支援〟という表記に変わり、事実上かき消された。

とはいえ、黙って見過ごすような朝鮮半島ではない。南北統一が悲願の文政権だって、ドイツの統合に伴う西ドイツの経済負担などから、統一が生易しいことではないことくらいもとより承知だ。そこで南北は共通認識の下で、統一の暁には戦後補償と騒ぎ立て歴史問題を再燃させ、便利なキャッシュ・ディスペンサー（金づる）である日本を利用しない手はないと、歴史戦を展開してきたのではなかろうか。

〝経済協力〟か〝戦後補償〟か、今後も日本政府と朝鮮半島の熾烈な交渉、駆け引きの展開が予想されるが、その合い間を縫ってアイヌ利権の一部が朝鮮半島統一資金として流用される可能性はないだろうか。

ちなみにアイヌが先住民族と認定される流れをつくったのは外務省だ。外務省は公式的にも国連の場でも〝日本に特定の民族はいない〟と主張してきたにもかかわらず、急に外務省の国連局が一九九一年に国連の場で〝アイヌは少数民族〟と発言をして以降、日本は多民族国家となった。

九一年といえば、慰安婦報道ビッグバンの時期が九二年、翌九三年は河野談話が出されている。なんらかの因果関係があるように思えてならない。

「アイヌは同和利権の二の舞ではないか？」と指摘する人もいる。同和対策事業は〇二年に時限立法により終わりを迎えているが、約十五兆円もの公金が投入されていた。また、現北海道知事も推進している苫小牧《とまこまい》のカジノ誘致にともない、水面下で香港を隠れ蓑にした中国企業の暗躍なども噂されている。

アイヌ新法成立により、これから全国展開されるアイヌ・キャンペーンの背後に隠されたシナリオを見抜くことが肝要だ。

菅氏はその後、安倍晋三氏の跡を継ぎ、首相となった。コロナ対策も大事だが、アイヌ対策も本章で述べた通り、日本の独立、ひいては国民の財産・安全に直結する問題だ。早急に、さまざまな情報収集を行い、後世の日本人に負の遺産を遺さないよう、アイヌ政策を見直していただきたいと願わずにはいられない。

あとがき――「習近平のジェノサイド」を阻止するために

この本をほぼ書き終えた時、こんな外電が流れてきた。

『中国当局による新疆ウイグル自治区での行為は国際法上の「ジェノサイド（集団殺害）」そのものだとする報告書を、米国のシンクタンクが発表した。

報告書は人権、戦争犯罪、国際法の専門家五十人以上が共同で執筆し、米首都ワシントンのシンクタンク、ニューラインズ戦略政策研究所が二〇二一年三月九日に発表。中国が国際条約に反し、少数民族ウイグル族に対するジェノサイドを行っていると結論付けた。

新疆ウイグル自治区でジェノサイドが起きているとの訴えや、中国当局の責任について、非政府組織が独自の法的分析を試みた例は初めて』(二〇二一年三月十日付け香港(CNN)。

時同じくして二〇二一年三月十一日、清水ともみさんの『命がけの証言』(ワック)にも登場している在日ウイグル人のハリマト・ローズさんが和光市駅前で「ウイグルの悲劇」を訴えていた。ローズさんが大事そうに抱えていたのは家族の写真だった。「真ん中がお母さん、お兄さん、あとは三人の妹たちです。家族の誰とも連絡がとれず心苦しいです。先日英国のBBCがウイグル女性が収容所内で中国人看守に性的暴行を受けていると放送しました。私はそのことを思うと、夜も眠れません」と目を赤くしていた。

第二次世界大戦の最大の悲劇はナチスドイツのホロコーストだといわれている。あれほどのユダヤ人がガス室に送られ、死線をさまよっていたのに、他国は見て見ぬフリをしていた。21世紀の現在、これだけネットも普及し情報開示がなされているにも関わらず、またもや同じ悲劇を繰り返してはなるまい。幸い、EUはウイグルへの人権侵害をめぐり、中国当局者などへの制裁を三月二十二日に決定した。米英カナダも同様の措置を取った。一歩前進と評価したいが、日本はどうだろうか？

ところで、私が初めてウイグルのウルムチを訪ねたのは一九九八年の春、チベットの取材を試みたのは二〇〇〇年の夏のことだ。この頃から理不尽な中国の侵略を『新潮45』など、様々な雑誌で発表し、講演などでも伝えてきたが、聴衆の中には『まさか~そんなこと本当に起っているのですか？　ならば何故日本のメディアは報道しないのですか？』と半信半疑な人もいた。無理もない。当時は、日本のみならず国際社会も中国によるチベット・ウイグル・南モンゴルへの弾圧を黙認していた。国際社会もエセ人権活動家も、中国の驚異的な経済発展と十三億という消費市場に幻惑され、民族弾圧の悲劇から長年、目をそらせ続けていたのだ。その沈黙の陰で、無辜の民のおびただしい血が流されながら……。

だが、今になってようやく、二〇二二年冬の北京五輪開催資格が世界中から問われている。

実は、二〇〇八年北京五輪開催にあたっても、チベットでは中国政府に対する〝ラサ蜂起〞（二〇〇八年三月）が起きていた。

「現在、我々（インド、ダラムサラのチベット亡命政府）は、約百四十名の死者を確認しています。それ自体、悲憤に堪えませんが、問題はそれだけではありません。約千二百人のチベット人が拘束されましたが、いま、彼らがどうしているのか。生きているのか？　死んでいるのか？　現地（チベットのラサ）からは〝死体を山積みにして走り去るトラックを何台も目撃した〞という報告もあります。真相がわかるまで、私は夜も眠れません」

二〇〇八年四月一日、ダライラマ法王駐日代表事務所の広報官だったルントク氏は、取材に訪れていた私に、悲痛な声でそう訴えた。

そういったチベット蜂起も虚しく、二〇〇八年夏の北京五輪は開催された。だが、今同じ過ちを繰り返してはなるまい。

チベットで二十七年間獄中生活をすごしインドに亡命したアマ・アデ女史は、私に

「現在では弾圧の手段として、電気棒など様々なものが使われているようです。多くの女性囚人は陰部に電気棒を押しこまれ、子どもが産めない体にされています。当時、私が受けた拷問は指と爪の間に竹串をさされ、唐辛子を燃やした上に逆さ吊りにされ失禁しました。何度も自殺を試みましたが、同じ刑務所にいた同胞三百人の中で〝生き残って亡命した者が必ず世界に現状を伝えよう〟と誓いあい、結局最後に生き残ったのは私一人でした」と語った。

このような鬼畜のような残酷な拷問は、冒頭でも触れたが、ウイグルの強制収容所でもウイグル人女性に対して行われているとＢＢＣが報じている。

前述したように、二〇〇〇年、インド北部のチベット亡命政権があるダラムサラを訪ねた。そこで私より少し若いチベット人女性と友達になって彼女の家でお茶を飲んでいた時のことだ。私は、長旅の疲れもあって、深く考えずに自分のプライベートなことをちょっと愚痴ってしまった。じっと伏し目がちに私の愚痴を聞いていた彼女は、ボソリとこう言った。

「あなたの不満はわかるわ。でもね、あなたには祖国があるじゃない。私の祖国はこのポスターにしかないのよ」

彼女が指さしたのはポタラ宮のポスターだった。

私は脳天を突かれたように返す言葉を失った。彼女は幼い頃に亡命してきて一度も祖国に戻ったことはない。戻りたくても危険なので戻れない境遇だった。

かたや私はチベットやネパールのチベット難民キャンプを取材し、すっかりチベット問題を理解した気になっていた。チベットは消滅の危機にあり、軍事力も経済力も持たないチベット人は非情な国際社会に対し、せめてもの抵抗運動として焼身自殺を試みるしかアピールする術がない。そういった不条理さを抱えながら生きているチベット人女性の心に真に寄り添うことができていなかったことに気付かされ、自分を恥じると同時に、せめてもの罪滅ぼしに自分が見聞きしたチベット弾圧の実態を一人でも多くの日本人に伝えてゆこうと固く心に誓ったのだ。それがジャーナリストとしての私の出発点となった。

ダラムサラからインドの首都ニューデリーまで十数時間の長いバス旅が続く。舗装されない凸凹路をおんぼろバスで揺られながら、精神的にも肉体的にも極度の疲労に包まれながらもなかなか寝付けずにいた。しかし、私には安住の地・祖国日本があった。取材が終われば日本に戻れるのだ。「あった」と過去形にしたくないのでこうして現在も中国共産党の実態について書き続けているのだ。

ともあれ、二〇二一年、中国の世界覇権への野望はとどまるところを知らない。中国の王毅外相は二〇二一年三月七日、北京で開催された全国人民代表大会（全人代、日本の国会に相当する組織だが国民の自由な選挙で選ばれた「代表」が集っているわけではない！）で、中国政府がイスラム教徒のウイグル人に対し集団虐殺を実行しているとの批判について、「とんでもなくばかげている」「まったくのうそだ」と白々しい嘘を言ってのけた。台湾侵攻をにらんだ軍事訓練も加速している。台湾製のパイナップルに虫がついていたと難癖つけて突如輸入を停止してもみせた。実に高圧的だが、中国が輸入停止をしても、その分を日本など周辺諸国が輸入を拡大して台湾の農民を支援している。このように助け合えば中国のさまざまな嫌がらせも怖くはあるまい。

だが、尖閣のみならず沖縄まで中国領だと主張し国際法無視の「海警法」を施行した中国に対して、日本政府は具体的なアクションを起こせていない。又、中国など外国資本による北海道の土地の爆買いや自衛隊基地周辺の土地取得に対する規制を設けようとする土地買収規制法案の閣議決定を政府は見送ってしまった（三月九日）。連立与党の公明党が難色を示したからだという。これぞサイレントインベージョンの成果の証ではなかろうか？

バイデン民主党政権が誕生し、アメリカの弱体化、権威失墜が日を追うごとに増している。日本が日米同盟に胡坐《あぐら》をかいていられる時代は終わったのだ。自分たちの子孫がいつの日か異国の片隅で「私の祖国はこのポスターだけ」と淋し気に皇居の写真を指差すようなことにならない未来を構築することが、今を生きる日本の大人に課せられている。

「習近平のジェノサイド」や「反日日本人」のこれ以上の跋扈《ばっこ》を阻止するために、私のようなジャーナリストは「言論の力」で闘うしかない。そのために、近年、私がさまざまな雑誌などで書いた評論を整理し、急遽加筆してまとめた本書が、一人でも多くの自由を愛する人々の手に届くことを祈りたい。

二〇二一年（令和三年）三月

大高未貴

大高未貴（おおたか・みき）
1969年生まれ。フェリス女学院大学卒業。世界100カ国以上を訪問。チベットのダライラマ14世、台湾の李登輝元総統、世界ウイグル会議総裁ラビア・カーディル女史、ドルクン・エイサ氏などにインタビューする。『日韓〝円満〟断交はいかが？　女性キャスターが見た慰安婦問題の真実』（ワニブックス）、『イスラム国残虐支配の真実』（双葉社）、『日本を貶める―「反日謝罪男と捏造メディア」の正体』（ワック）など著書多数。「真相深入り！ 虎ノ門ニュース」（レギュラー）、「サンケイ・ワールド・ビュー」などに出演している。

習近平《しゅうきんぺい》のジェノサイド
捏造《ねつぞう》メディアが報《ほう》じない真実《しんじつ》

2021年4月20日　初版発行
2021年5月2日　第2刷

著　者　大高 未貴

発行者　鈴木 隆一

発行所　ワック株式会社
東京都千代田区五番町4-5　五番町コスモビル　〒102-0076
電話　03-5226-7622
http://web-wac.co.jp/

印刷製本　大日本印刷株式会社

ISBN978-4-89831-837-9